事業承継を成功に導く M&A入門

マクサス・コーポレートアドバイザリー株式会社
代表取締役社長
森山 保
Tamotsu Moriyama

幻冬舎 MC

事業承継を成功に導くM&A入門

はじめに

後継者不足に悩む経営者が増えています。帝国データバンクの調査によると、国内企業の65％が後継者不在と回答しています。また、中小企業庁の「事業承継に関するアンケート調査」では、「事業をやめたい、廃業したい」と回答した経営者の約50％が、後継者難をその理由に挙げているのです。

400万社近くに及ぶ日本企業のうち上場企業以外の大多数は、会社オーナーが経営者でもあるという現実があります。そして、オーナー社長が後継者として選択するのは多くの場合、息子や娘などの親族となっています。しかし昨今の、特に中堅・中小企業を取り巻く厳しい経営環境は、親族への事業承継を困難なものにしています。息子や娘の方に事業を継ぐ意思がない、あるいは承継のための資金もないというケースが増えているからです。

だからといって廃業してしまっては、社員を路頭に迷わせることになってしまいます。顧客や従業員、地域社会へも大きな影響を与えることでしょう。

オーナー社長がこれまで育て上げてきた事業を承継するよい方法はないのでしょうか。

私は、20年近くにわたってM&Aアドバイザリー業務に携わり、上場企業から中堅・中小企業に至るまで200件を超えるM&Aを実現してきました。本書のタイトルにもあるこの「M&A」は実は、事業承継の有効な解決策になるのです。

読者の皆さんのなかには、M&Aというとバブル崩壊以降に多発した大企業の合併や買収劇を思い浮かべる方もいるかもしれませんが、それらはM&Aのごく一部分でしかありません。また、当時のマイナスイメージはM&Aのほんのわずかな一面を表していたに過ぎません。実際、1990年代に本格的に日本に登場したM&Aは、それから20数年の間に案件数が大幅に増え、新聞やテレビのニュースをにぎわしている大規模な案件や企業を対象とした案件ばかりでなく上場、非上場会社を対象とした中規模なM&Aが企業経営の一手法として、根付いてきています。

日本経済にとって、この失われた20年は大きな転換期に他なりませんでした。その後、アベノミクスとともに景気が上向いてきているかのように見えますが、その恩恵を被っている中堅・中小企業は決して多くはないはずです。少子高齢化の進行に伴う人口減少と国内市場の縮小、ますます勢いを増すグローバル化のなかで、大企業だけでなく中堅・中小企業も選択と集中による新たな成長戦略を志向しなければならないのです。

オーナー社長が抱える事業承継の問題と、新たな成長戦略の問題をともに解決する機能が、M＆Aにはあるのです。

そこで本書では、オーナー社長が事業承継を成功させるための手段としてのM＆A、また経営戦略の有効なツールとしてのM＆Aについて紹介していきます。特に、オーナー社長が今まで大事に育ててきた会社とその社員の雇用をM＆Aの後もしっかりと維持しつつ、創業者の利益をも確保するためのポイント、企業価値をM＆Aによってさらに高める戦略には多くのページを割いています。また、M＆Aについて詳しくない方でも事業承継を具体的にイメージできるように、その成功事例も数多く織り交ぜています。

この本が、オーナー社長の事業承継を成功させるきっかけとなり、多くの会社が発展することを願ってやみません。

『事業承継を成功に導くM&A入門』 目次

第1章

会社の成長は事業承継で9割決まる

第2章

事業承継の出口戦略としてM&Aが増加している

第3章

事業承継を成功させるM&Aの具体的手法

第4章

成功するM&Aは企業価値を高める戦略で決まる

第5章

事例に学ぶM&A成功の法則

装丁　小口翔平

第1章

会社の成長は事業承継で9割決まる

―急拡大する企業数の減少傾向―

今日の日本経済が、将来へ向けた大きな岐路に立たされ変革の渦中にあることは、例えば企業数の推移からも明らかです。

総務省の事業所・企業統計データによれば、日本において会社の数がもっとも多かったのは1986年当時であり、その数は約535万社に達していました。ところがそれから20数年後の2009年には、企業数は約421万社へと100万社以上も減少してしまいます。

さらに2012年のデータではこれが386万社へと減少しています。ピーク時と比べ、ほんの四半世紀ほどの間に、日本企業は実に3割近くもその数を減らしてしまったということが分かります。

この急速な減少を生み出したもっとも大きな要因となっているのが、中堅・中小企業です。

日本の企業の99・7%は中堅・中小企業であり、全従業員数の7割以上にあたる2800万人がそこで働いているといわれています。さらに日本経済への寄与度から見れ

ば、全産業中の51%を占め、設備投資額は全体の4割近い3・8兆円規模と、中堅・中小企業が日本の産業を下支えしていることは間違いありません。

ところがこの中堅・中小企業にとって、日本経済のデフレ発生時から現在まで続いてきた経営環境は、大変厳しいものであったといわざるを得ません。しかもなにより大きな問題は、その状況が決して一過性のものではなく、将来にわたってさらに一層深化していくことが確実だという点です。

――3つの要因が企業を痛めつける――

経済環境の分析や予想は、この本のテーマから外れますのでここではその概略を指摘するにとどめたいと思いますが、企業数の減少が止まらない要因として以下のものが考えられます。

要因の第一は、日本が少子高齢化社会に突入したという点です。2005年に総人口が戦後初めて前年を下回って人口減少時代に入ったいったん足踏みしたものの2008年からは一貫して人口が減り始め、2035年には同年比約13%減の

1億1067万人になると見込まれています。当然のことながら、それに伴ってマーケットは縮小していきます。従来までのような時間経過とともに需要が増加する状況はまるで期待できず、限られたパイを奪い合う競争状況は今後さらに加速していくと考えられます。

二番目の要因はビジネスのグローバル化です。急速なIT化の進展に伴い、多くの業界が否応もなくグローバリゼーションの波に巻き込まれ世界を相手とした競争に参戦せざるを得なくなっています。ところが、一般に財務面や人材面のビジネス資産に劣る中堅・中小企業にとって、それは簡単な選択ではありません。

そして、これら二つに加えた第三の要因は、特に中堅・中小企業に特有ともいえる「事業承継」に関するものです。

中堅・中小企業に共通する要因として、会社の所有と経営が分離していない点、そして戦後に創立された企業が多いという点が挙げられます。大多数の企業が、設立から数十年をかけて事業を拡大してきたわけですが、その結果、創業者はもちろんその直接の後継者を含めた経営者の高齢化が進行しているのです。しかも、所有と経営が一体化しているがゆえに、その事業承継は上場会社の場合と比べてはるかに困難になります。中堅・中小企業の後継者選びが、多くの場合オーナー経営者の子どもや兄弟といった、親族を対象とせ

ざるを得ないのは、所有だけでなく経営そのものも創業者が行っていることが大きな理由です。

ところが親族であれば、誰もが事業承継に前向きかといえばそれは違います。中小企業白書によれば、後継者が決まっている企業は全体の4割以下でしかありません。これは親族であることが必ずしも経営者としての資質や能力を保証するものではないことに加え、人口減少やグローバル化など、今後の企業経営に多くの困難が見込まれるという環境が、承継へのハードルを上げているとも考えられます。

その結果、自分の代での廃業を考える経営者は5％以下であるのにもかかわらず、実際にははるかに多くの企業が消滅しているのです。

―M&Aという事業承継の新たな選択肢―

中堅・中小企業の事業承継には多くの問題があり、状況は悪化の度を深めているように思われます。しかし、その一方で事態の好転を予感させる新たな動きもあります。それこそがM&A（Mergers and Acquisitions：企業の合併・買収）に他なりません。

「はじめに」でも触れたように、日本でM&Aが本格的に開始されてから20年あまりを経て、今日のM&A事情は当時とは大きく変質しています。もはや一部の大企業や特定の業界のみを対象にするものではありませんし、最初の頃に取りざたされた「乗っ取り」や「買い占め」といった悪いイメージも払拭され、M&Aは企業を健全に発展させるための経営手法の一つであるという認識が広がってきました。

実際、中堅・中小企業の事業承継を考えるのであれば、M&Aは非常に有効な選択肢であることが分かるはずです。先に挙げた事業承継にあたっての難問である「後継者選び」について考えてみましょう。

オーナー企業における事業の後継者は、おおよそ次の四者に分類できます。

①　オーナーの親族
②　企業内の幹部
③　外部からの経営者
④　M&Aによる事業承継

従来は、①のケースが一般的でしたが、今日では親族の方から、企業経営という大きな責任の伴う仕事の引き受けを避ける例も増加しています。また、企業経営には指導力や判断力など様々な経営能力が求められ、血縁関係だけで事業承継を判断することは、事業や従業員の将来にとって必ずしもプラスとはならないケースも出てきます。借入金などに対する個人保証の承継も親族による事業承継の大きな障害となっています。

これに対し、②と③が重点を置くのは企業経営の継続性です。②であれば実際の業務を通じて後継者候補の実力を確認できますし、③では外部での十分な実績などをもとに判断することになるはずです。経営手腕という視点からは、①以上に確実な選択といえるでしょう。

ただし、これらのケースでは、一般に、会社の所有権（株式）は旧経営者とその親族が保持したまま、という例も多いようです。これは必ずしも会社の私物化というわけではなく、後継者に所有権を譲ろうにも引き受けるだけの財力がないなどの理由が考えられます。従って、事業承継のうち、「経営の承継」はある程度解決しますが、「所有の承継」の問題は残ったままということも多くあります。

一方で、④のM＆Aであれば、これらの問題のほとんどが解決可能となります。つま

り、テーマを事業承継に限れば、M&Aは非常に優れたツールなのです。事業承継は大きく分けて「経営の承継」という側面と「所有の承継」という側面を持ちますが、M&Aはその両者を一気に解決できます。

第一の「経営の承継」についていえば、まず考慮すべきポイントは後継者の能力であり、承継後に事業を発展させることができるかどうかの見極めが重要です。その点に関して、M&Aによって事業を引き受ける新オーナーは、その事業をさらに発展・拡大できるという計画のうえで買収に踏み切るはずですから、経営能力にはそれなりの自信があると考えられます。

さらにいうならば、「経営の承継」には雇用確保という視点も欠かせません。最初に挙げたように、年間10万を超えるペースで企業数の減少が続くという現状は、直接的な雇用減少要因として日本経済にとってのゆゆしき問題です。事業承継が円滑に行われないことは、一企業にとっての重大事であるばかりでなく、多くの雇用が失われる可能性という意味において日本経済全体の行方にも大きな影響を与えかねません。

もちろん、個々の社員の生活はより切実な問題といえます。だからこそ多くのオーナー経営者にとって、それこそが事業承継を考えるにあたって非常に悩まされるポイントであ

ることは間違いありません。社員の雇用継続は事業承継において大変重要な条件といえるのです。

一般に経営者の責任の一つは、社員の生活を守ることであるといわれます。確かに事業承継によって、オーナー経営者はその役割から解放されます。しかしながら、誰しも、それまでともに事業をもり立ててきた「戦友」である社員の将来の生活を犠牲にしてまで、それまで担ってきた経営の責任を誰かに任せたいとは思わないはずです。自分に代わって、いや可能であれば自分以上に社員に対してより責任を果たしてくれる誰かに事業を引き継いでもらうことこそ、すべての経営者にとっての真意であるといえるでしょう。

その観点に立って先ほどの事業の後継者として想定しうる四者を比較した場合でも、やはり④のM＆Aがもっとも優れたものとなる可能性が高いことはよくお分かりいただけるはずです。

ただしそうはいっても、事業承継で追求すべき目的やメリットは社員の雇用だけでないことも事実です。オーナー経営者にとってはM＆Aによる「所有の承継」、すなわち株式売却によって現金を得ることも重要です。実はこれは相続という視点で考えれば、株式資産の相続よりも相続税納付の点で優れています。つまりオーナー経営者にとっての出口戦

略としても、その選択肢は非常に魅力的なものなのです。

実際、ここ数年、中堅・中小企業のM&A件数が再び右肩上がりに伸びているという調査結果も出ています。しかも、その数字は公表案件のみをベースとしています。非上場会社を対象としたM&Aは非公開で実施されることが多いことを考えれば、その伸びは実際にはさらに大きなものとなっていることが推測できるでしょう。

―あらゆる産業分野に広がるM&A―

日本経済が変革の時期にあることは、ほとんどすべての産業分野で、規模の大小を問わず事業再編が続いていることからもはっきりと分かります。

M&Aはこの事業再編の一手法とも考えることができます。その最近の傾向を見ると、1990年代にニュースや新聞紙面をにぎわしたものとは異なり、産業界のあらゆる分野にM&Aが広がっていることが分かります。

新聞報道などをベースに、M&Aの代表例を業界別に示してみましょう。

日本にM&Aが紹介された当初から注目され大きな動きが相次いだ金融関連では、

2000年代に入ってからも銀行業の三菱UFJフィナンシャルグループが誕生し、損害保険ではMS&ADインシュアランスグループ、東京海上グループ、NKSJグループの3大グループ、生命保険の明治安田生命、証券業ではみずほ証券、SMBC日興証券、三菱UFJモルガン・スタンレー証券など、リース業の三菱UFJリースなど、大部分の業界で再編の最終段階が進みました。

メーカー系でも王子製紙・日本製紙グループの2大勢力に収斂した紙パルプをはじめ、鉄鋼の新日鉄住金とJFEホールディングスなどの統合が進んできています。石油化学での日石三菱誕生以来の統合や三菱化学、三井化学誕生以降の事業統合の流れ、大手百貨店の急速なグループ化や家電量販店の集約などに代表される小売部門のM&Aなども盛んでした。

もちろん、盛んに行われるM&Aは、「IN=IN」といわれる国内企業同士のものばかりではありません。通信業界や食品業界などで目立つ「IN=OUT（日本企業が外国の企業へ行うM&A）」や、米アプライドマテリアルズが東京エレクトロンと経営統合を行うなどの「OUT=IN（日本企業が外国の企業の傘下に入るM&A）」といった動きも盛んです。その結果、もはやM&Aはどのような業界に属しているかによらず、日本企業が

今日、事業活動を展開していくうえで当然考慮しなければならないところにまで一般化してきているといってよいでしょう。

増加する日本企業同士のM&A

さらにM&Aの普遍化は、先に挙げた業界や業種という「内容の区分」だけでなく、企業規模という「会社の大きさ」の違いを超えて進行してきました。

公表された日本関連M&Aの推移を見ると、1990年代に入って日本に紹介されたM&Aは2007年まで実施件数で年間4000件近くまで増加しました。その後、世界経済に大打撃を与えたリーマン・ショックによる景気悪化で一時的に大きく落ち込みますが、2010年を底として再び確実な伸びを見せている状況です。

これは実施金額ベースで見てもその傾向は同様です。なお、1999年から2001年にかけての案件数と比べて実施金額が著しく大きくなっていますが、これは銀行などの大規模合併などによって生じたもので、大きな流れとしてはリーマン・ショックに向けて拡大し、いったん足踏みしたものの現在はその後の回復期からさらなる増加に向かいつつあ

図1　日本関連のM&A公表案件推移

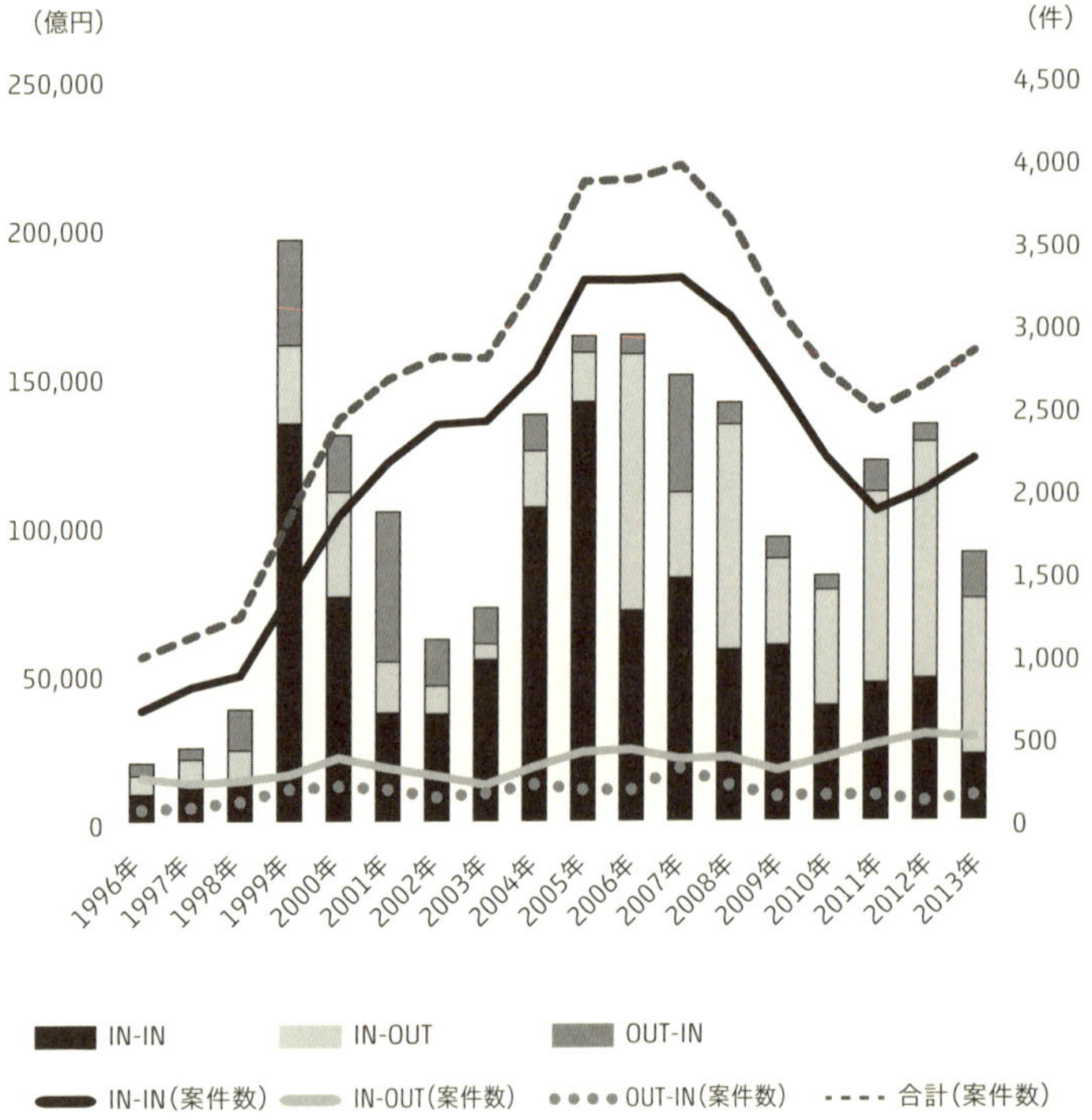

(出所) レコフ

ることが分かります。

また、案件数を見ると、Ｍ＆Ａの中心が国内企業同士の「ＩＮ＝ＩＮ」であることは明白です。その他の傾向に目を向ければ、外国企業が日本企業を買収する「ＯＵＴ＝ＩＮ」はそれほど多くなく、逆に日本企業による海外企業の買収「ＩＮ＝ＯＵＴ」数が増加傾向にあることが分かります。

しかも金額ベースで見ればこの「ＩＮ＝ＯＵＴ」は大きく伸びて、近年では「ＩＮ＝ＩＮ」を超える状況といえます。Ｍ＆Ａを活用して多くの日本企業が海外市場へ積極的に参入しているわけですが、案件数では「ＩＮ＝ＩＮ」の数分の一でしかない「ＩＮ＝ＯＵＴ」が金額ベースでは「ＩＮ＝ＩＮ」を超える状況は、国内のＭ＆Ａが比較的小規模な中堅・中小企業に活用されていることを物語っているともいえます。

この章の前半で指摘してきたように、中堅・中小企業について今後の経営課題を考えるとき、その問題解決の一手法としてのＭ＆Ａが大変有効な方策の一つであることは間違いありません。だからこそ、無意味な偏見や思いこみにとらわれることなく、Ｍ＆Ａという経営戦略の正当な位置づけと利用方法を理解し、必要な場合には恐れず活用していくことが必要となるのです。そのためにもＭ＆Ａに対する知識は、いまや中堅・中小企業を含む日本のすべての経営者にとって十分に理解しておくべき事項といっても過言ではありません。

第2章

事業承継の出口戦略として M&Aが増加している

―経営戦略としてM&Aをとらえる―

この章では、今日、企業にとって重要なツールとなりつつあるM&Aを、経営戦略や出口戦略の面から検証していきます。

特に注目したいものは、前章でも触れた中堅・中小企業にとってのM&Aです。これは今後の日本におけるM&A案件の流れが、大企業だけでなく中堅・中小企業にも向かっていくと考えられ、さらにはM&Aを有効活用することが、中堅・中小企業の経営にとってより大きな効果を上げ得るからに他なりません。

経営にかかわる総合的な環境や状況は、中堅・中小企業といえども大企業を取り巻くものとなんら変わりません。むしろ、経済環境の変化に対して大企業がいちはやく手をつけ対応を行った状況は、時を置かずして中堅・中小企業にとっても解決すべき同様の課題となってくるという傾向があります。

まず、その代表的な事例を取り上げましょう。

日本経済の大きな潮流であり、現在もなお大多数の企業にとって共通の課題となっている代表的戦略に、中核事業の強化と非中核事業の選別を進める「選択と集中」がありま

す。その流れは、バブル経済崩壊に伴って日本企業の多くが採用し、今日まで四半世紀以上も継続しています。

実はその過程で日本に普及した経営戦略のツールこそ、M&Aであったといえます。登場当初の経緯から、M&Aとは事業破綻や事業リストラなどとペアになった後ろ向きの経営戦略であり、企業や事業を解体して消滅させる「悪いこと」という一種特別なイメージが生まれてしまいました。

しかしながら、バブル崩壊以降の長期化したデフレ経済の間に、大企業の多くは既に非中核事業からの撤退を終了しています。むしろ、今後はマーケットの成熟化、そして縮小という事態に起因する成長鈍化のなか、戦略の力点は選択と集中のもう一つの核である「集中」、すなわち中核事業強化へと急速に移りつつあるといっていいでしょう。

このように、大企業にとっての選択と集中が、既に新たな段階に移行する一方で中堅・中小企業に関しては、そこまで進んでいないといえるでしょう。つまり、大企業、中堅・中小企業を問わずM&Aを利用して中核事業の強化を図りたいという需要が強い一方で、企業売却・事業売却など整理の対象となる非中核事業の供給源は、今日、圧倒的に中堅・中小企業であると考えられます。

M&Aといえども、商行為の一つであることに変わりはありません。そして、需要と供給の関係において需要がより多い状況は、供給サイドにとって、より有利な条件で取引を行うことのできるタイミングであることは間違いありません。つまり、中堅・中小企業にとって、現在の環境下でのM&Aは自己サイドのメリットをとりやすいものになっているといえます。

――期待を裏切るM&A、3つの問題――

今日、企業規模の大小や事業分野にかかわらず、M&Aは、多くの企業にとって経営戦略上の重要な選択肢として急速に一般化しつつあります。

シンクタンクや大学などの研究機関によるM&Aに関する調査・研究も盛んで、M&Aに対してポジティブな結果を示す研究もあれば、ほとんどは失敗だという論調の記事も存在します。ここで注意が必要なのは、学術的な研究では同一の客観的データを利用しても、全く反対の結論が出ることがあるという点です。つまり、M&Aに対し、そのポジティブ面を取り上げるかネガティブ面に注目するかによって、調査・研究の結論は変わっ

てしまう可能性があるのです。また、研究は開示情報の制約から、基本的に上場企業を対象にするしかありませんし、成果は株価データを中心に検証するしかないため、一つの参考にはなりますが、M&Aの一面を表しているに過ぎないといえます。

もちろん、M&Aは成功するケースもあれば失敗するケースもあります。むしろ重要であるのは、その成否にかかわらず、日本におけるM&Aが案件数・対象資産額ともに伸びている、あるいは定着しているという厳然たる事実です。それこそが、多くの企業がM&Aを有効な企業戦略としているなによりの証拠ではないでしょうか。

M&Aが当初の期待とは異なった結果につながってしまう主な理由には、およそ次の3つが考えられます。

① M&Aの目的が不明確である
② M&A評価額が適正でない
③ M&Aへの全体合意が不十分である

M&Aはあくまでも経営戦略上の手法の一つですから、「実施すること＝終了＝成功」

という単純な方程式では説明できません。成功しないM&Aに共通するこれら3つの理由を簡単に分析しておきましょう。

まず、①の「目的の不明確さ」は、そもそも何のためのM&Aかというポイントが明快になっていないということです。

例えば、具体的な目標設定などではなく、漠然とした問題意識を共有する経営者同士の話し合いなどがきっかけとなってM&Aが動き出すケースなどがこれにあたります。あるいは、M&Aプロジェクトの進行過程で、当初は明確だった目的が、時間の経過とともにその実施自体が目的化してしまい、本来より確実に検証すべきM&Aの目的が希薄化するということもあるでしょう。

買収側でありがちな話としては、M&Aの予算を設定したから何とか予算を消化するためにM&Aを実施したいという、「M&Aをすること」が目的となってしまったり、中期計画で世間に示した売上目標を達成するために強引なM&Aを進めてしまったりというようなことがあります。中には耳の痛い会社があるのではないでしょうか。

次に二点目の②「適正な評価額」は大変難しい問題です。

M&Aによって事業や企業を売却する側からいえば、その対価が大きいことがM&A成

功の基準の一つとなることは間違いありません。もちろん、従業員の雇用を犠牲にしてまで売却価格向上を志向するのには問題があるでしょうが、やはり評価額の大きさは重要なポイントとなります。

ただし、買い手側にとってこれは逆にリスクとなりかねません。例えば、どれほど優良事業であっても、買収価格が上昇すれば投資効率は低下してしまいます。特にM&A価格の評価にあたっては、単独の事業価値だけではなく、統合によるシナジー効果や経営権取得に伴う買収プレミアムといった部分が加わります。そこでシナジーを不用意に高く見積もることや売却側の主張に譲歩しすぎて高額のプレミアムを受け入れれば、M&A成立後の投資パフォーマンスに直接的な悪影響が表れてしまいます。

そのためにも、単純にM&A対象事業の売上や利益だけにとらわれることなく、投資採算の観点に立った「適正な評価」判断が非常に重要となります。この部分は、交渉において売却側・買収側ともに主観的な要素が入り込みやすい部分でもあり、外部のアドバイザーなどによる客観的な分析や評価を参考にすることが重要なポイントになると考えられます。

③として挙げた「全体合意の不十分さ」は、M&A実施にあたって陥りやすい代表的な

罠ともいえます。M＆Aという手法はプロジェクトの準備段階ではオープンにしがたい取引です。当然、ほとんどのケースで成立直前まではごく限られた関係者のみで準備が重ねられるということになります。その結果、対象となる企業や事業にかかわる売却側・買収側の双方、特に現場にとってM＆Aへの合意が醸成されないままでの実施となってしまう可能性が高くなります。ところがこれはM＆A成立後の事業パフォーマンスに大きく影響しますので、プロジェクトの進捗状況を勘案しながら情報公開の範囲をコントロールし、キーパーソンはもちろんのこと、関係各所の合意形成に配慮していくことが大変重要となります。

どうしても関係者への途中開示が難しい場面もあるでしょう。そのような場合は、開示後に説明を懇切丁寧に行うこと、従業員のキーパーソンであればしっかり処遇を行うことなど、関係者への手厚いケアは欠かせません。社内関係者だけでなく、取引金融機関や主要得意先・仕入先などへのケアにも留意が必要です。

そして特に中堅・中小企業のM＆Aに関しては、①〜③に加えもう一つの重要なテーマが出てきます。それが第1章でも触れた「事業承継」です。

オーナー企業を中心に、現実的にもしくは潜在的に事業承継の問題を抱える企業にとっ

ては、M&Aが経営戦略の重要な選択肢となることは確実でしょう。オーナー経営者にとっては、もちろん出口戦略の一つという意味が大きくなってきますが、M&Aの目的はそれのみではありません。オーナー個人以上に社員や会社としてM&Aからどのようなメリットを引き出せるかを重視しなければ、M&Aの成功を勝ち取ることは困難であるといわざるを得ません。それが、結果的には、経済的メリットのある出口を迎えることにもつながると考えられます。だからこそ、M&A成立後の事業の成長・拡大までを十分に考慮した、経営戦略的見地から見ても納得感のあるM&Aが重要なのです。

乗っ取り型のM&Aは成立しない

いまだに、M&Aを乗っ取りの道具として考えている人も多くいると思われます。それは、「敵対的M&A」や「乗っ取り型M&A」をイメージしてのことではないかと思います。ここでは、そういった考え方の多くは誤解に基づくものであることを説明したいと思います。

M&Aは「友好的M&A」と「敵対的M&A」に分類できるといわれます。

この場合、売却側と買収側の合意に基づいて行われるものが「友好的M&A」ですが、

「売却側」とは誰かという議論もあります。基本的には「売却側＝経営陣」と考えるのが自然です。つまり、経営陣と買収側の合意のうえで進めるM＆Aが「友好的M＆A」ということになります。

一方の「敵対的M＆A」とは、買収側のM＆A意向に対し売却側の経営陣にその意思がなく、同意の可能性がないにもかかわらずM＆Aを強行しようとするものです。こちらは、さらに二つに分類することが可能で、単に売却側が買収側のM＆A提案に応じないという対立型と、対象事業の成長を目指すのではなくM＆Aの直接的な目的が相手側の資産（物的資産・知的所有権など）強奪のみであるいわゆる「乗っ取り」型があります。

M＆Aが「悪いこと」というイメージは、この敵対的M＆Aから生まれたものだと考えられますが、経営戦略という視点に立てば、そもそも敵対的M＆Aは成立しないといえます。

第3章で詳しく説明しますが、M＆Aは、「会社（株式）」を取得する場合と、「事業」を取得する場合に分かれます。「事業」を取得するには、経営陣の賛同が必要なため、敵対的買収はあり得ません。敵対的買収の議論をする際は、もっぱら「会社（株式）」を取得するケースだけが想定されます。「会社（株式）」を取得するケースは、会社の視点から

すれば、極端に言えば、あくまでも会社の所有者（株主）が交代するだけのことで他は何も変わらないといえるのですが、敵対的M&Aにおいては、その所有者の変更以上の事態が発生してしまう可能性が高まります。一般に想像しやすい事態として、望ましくない株主に変更されることで、例えば従業員や顧客が離散してしまい事業価値が低下してしまうということが考えられるでしょう。そのようなリスクを冒してまで、敵対的な買収に動く会社はそうそうあるものではありません。

また、技術的に敵対的買収が起こり得るケースとしては、株式の買い集めや株式公開買付け（TOB）という手法が取られる上場企業を対象に行われるケースしか、ほとんど想定されません。中堅・中小規模のオーナー企業では、「所有（株主）＝経営者」となっていることがほとんどですから、経営者に反して株式の売却が実施されることは非常に考えにくいものです（もちろん非上場企業でも、株主構成が複雑なケースなどでオーナー経営者が株式の過半数を保有していない場合などに、株式の取得合戦が起こることはあります）。

また、M&A実施後に、買収した企業や事業を完全に解体して切り売りする「乗っ取り」型のM&Aでは、通常、買収の過程で乗っ取り対象の資産価値は大きく劣化してしまいます。つまり、切り売りする時点ではM&A対象には買収のタイミング以下の価値しか

残らないという予想ができます。投資の専門家があえて損失をこうむる可能性の高い投資を行うことは考えられませんから、この場合もＭ＆Ａが実施されることはほとんどあり得ないといっていいでしょう。仮に敵対的Ｍ＆Ａの効果を上げられる会社があるとすれば、本業と関係ない金融資産などを多く所有していて、その価値が株価に反映されていないような上場会社であって、切り売りを目的として買収し、切り売りをして儲けを実現できる場合か、現経営陣が本当に無能で現従業員が新経営陣を大歓迎する場合くらいでしょう。このような会社は、そうそうあるものではありません。

つまり、今日においては敵対的Ｍ＆Ａはほとんど成立しないのです。さらに繰り返しになるかもしれませんが、ここまで考察してきた条件は主に上場企業にしか当てはまりません。つまり、そもそも事前の検討条件である「会社の所有権」である株式の流通性がほとんどない中堅・中小企業に関しては、敵対的Ｍ＆Ａが成立する可能性は極めて低いといっていいでしょう。

―M&Aに必要な法律が整ってきた―

敵対的M&Aは基本的にはあり得ない、ということを説明しました。では、なぜ「M&A＝悪いこと、乗っ取り、企業消滅」などという画一的なイメージが一般に広がってしまったのでしょうか。

M&Aは選択と集中という経営戦略に合致したツールであるという考えは、今日一般的になっており、利用価値の高い経営上の選択肢と考えられています。そのベースとなったのは、戦後から日本が長期間にわたって享受してきた右肩上がりの経済成長の終結といえるでしょう。

1980年代半ば以降、バブル景気の崩壊とともに成長一辺倒の経営環境からの決別を強いられた日本の企業は、たちまち事業破綻を回避するための淘汰・統合という厳しい現実に直面せざるを得なくなったのです。ところが右肩上がりの経済成長が続く状況に慣れきっていた、ほとんどの企業にはその状況に対応するための何の準備もありませんでした。さらにその状況は、M&Aなどの企業取引を規定する制度に関しても同様だったのです。

実際に、1990年代までは、今では当たり前にM&Aのツールとして使っている基本的なルールさえ存在していなかったといっても過言ではないでしょう。

もちろん、それから四半世紀という時間が流れるなかで、M&Aに関する法律や税制、会計基準などの整備は順次進行しました。これによってM&Aの手法が多様化するとともにその手続きも簡素化されました。

ちなみに、整備された法・税制度の一部とその概要は図2のようなものです。

なかでも2000年前後に相次いで行われた法律・税制・会計基準などの改正や新設は、非常に大きく状況を変化させました。

それらのスタートに位置づけられる非常に大きなポイントは、1999年の株式交換・株式移転制度の創設といえるでしょう。これによって、株式を対価とする買収が可能となりました。それ以前のM&A手法では、多額の買収資金を用意しなければなりませんでしたが、自社の株式を対価とすることができることによって、多額の買収資金を用意する必要がなくなり、M&Aの自由度は一気に増したといえます。それに伴う税制が整備されたり、純粋持株会社が解禁されたことも大きい要素といえます。

それ以降、諸制度の整備・拡充によって、日本のM&Aは大きく近代化したといえま

図2　M&Aに関係する法律・税制・会計の改正内容

	項目	年月	内容
法律	持株会社の解禁	1997/12	・純粋持株会社の設立が可能となった
法律	株式交換・株式移転の創設	1999/10	・自社の株式を対価として対象会社の完全子会社化が可能となった
法律	民事再生法の施行	2000/04	・従来の和議法に比べ、企業倒産手続きを迅速化することで倒産に伴う資産の劣化等を防ぎ、企業の早期再建が図られることとなった
法律	会社分割の創設	2001/04	・会社の一部または全部の事業を包括的に切り離す手法が可能となった
法律	新株予約権の創設・種類株式の多様化	2002/04	・商法改正により、新株予約権を単独で発行・譲渡することが可能となった ・併せて種類に応じて権利内容が異なる種類株式（優先株式等）の発行が可能となった
法律	会社法の施行	2006/05 （一部2007施行）	・組織再編（合併、会社分割、株式交換、株式移転）における対価として株式以外（現金等）を用いることが可能となった ・三角合併（合併存続法人の親会社の株式を被合併法人の株主に交付）等が可能となった
税制	組織再編税制の創設	2001/04	・会社が資産を移転する場合には、その移転資産の譲渡損益に対して課税が生じるが、一定要件を満たす組織再編（適格組織再編）の場合には、譲渡損益を認識せず課税が繰り延べられることになった
税制	連結納税制度の創設	2002/04	・原則として100％の持株関係にある連結グループ会社間で、お互いの損益を通算して法人税を計算し納税する連結納税制度が創設された
会計	「会計ビッグバン」	1990年代後半～	・単体決算から連結決算主体のディスクロージャーに変更される等、様々な会計基準が変更になった

す。それをサポートする専門家も育っていき、M&Aを利用しやすい環境は整備されたといっていいでしょう。

IPOと並ぶ出口戦略としてのM&A

ここまでは主に企業一般の視点に立ってM&Aについて解説してきました。ただし、中堅・中小企業の多くは所有と経営が一体化したオーナー企業です。その場合、オーナー経営者にとってのM&Aは、企業の事業拡大や雇用維持とは異なった意味を持つことになります。それが何回か触れてきた事業承継のためのM&Aです。実際のところ、これはオーナーにとって自らが育ててきた事業の出口戦略の一つといえます。

その点を説明するにあたって、まず中堅・中小企業の成長と、M&Aの位置づけについてまとめてみたいと思います。また同時に、経営戦略としてM&Aをどう考えるべきか、さらには企業のステークホルダーであるオーナー（株主）、経営幹部、従業員、顧客などにとっての意味を概説してみます。

まず、企業の成長曲線を考えます。興味深いことに、そこにはすべての生物と同様に、

図3　企業の成長曲線イメージ

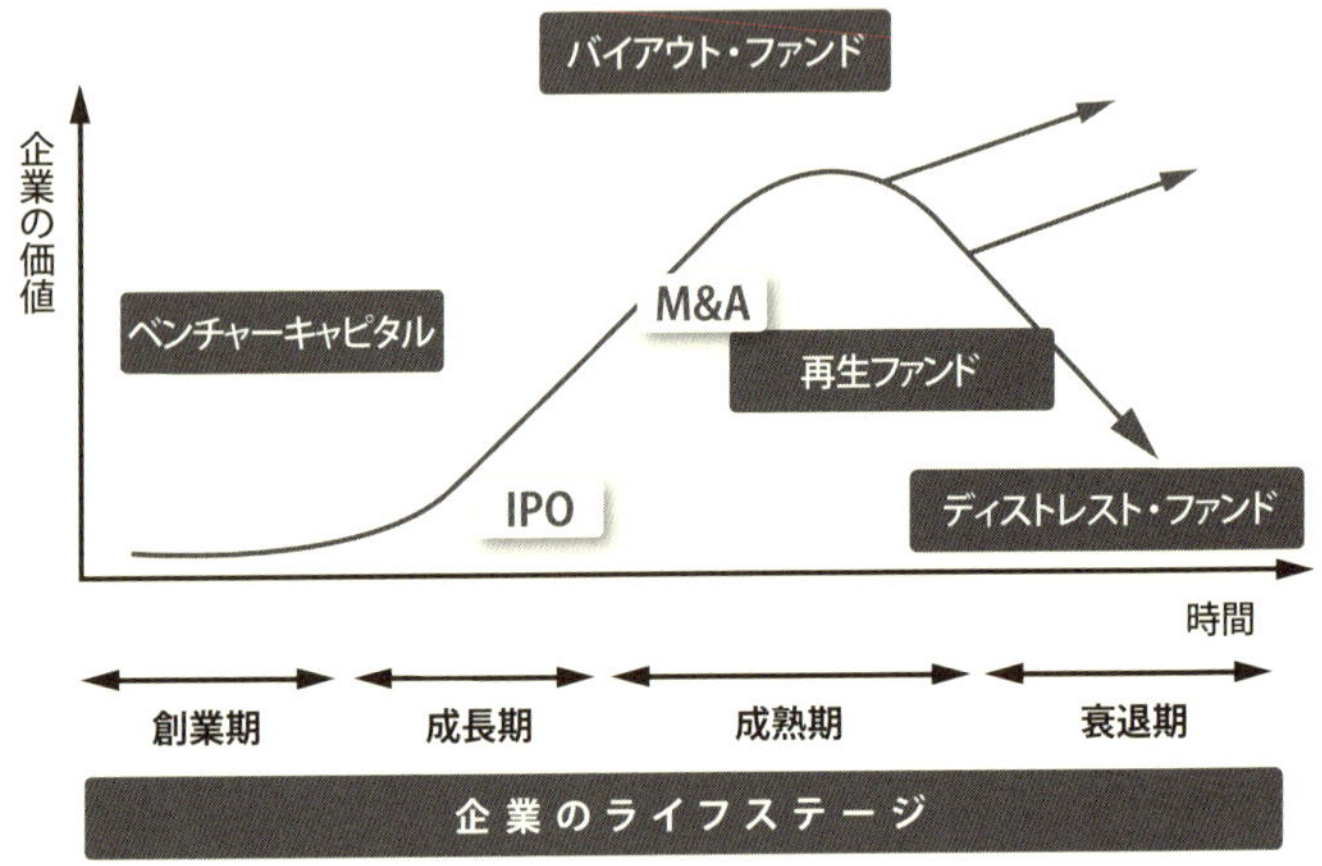

誕生から終末までの大きな流れのような変化が、ライフステージとして分かれていることが分かるでしょう。

大きく分けると、企業は創業からの時間の経過とともに、創業期、成長期、成熟期、衰退期の4つの区分をたどります。それがライフステージの変化です。

創業期においては文字通り創業者がオーナーであり経営者であるわけですが、事業成長とともにその地位・役割が変わる可能性があり、その転換期として、3つのポイントが考えられます。

それは、IPO（株式公開、上場）、M&A、事業承継です。また、同時にこれらの3つは、企業の一生を示すライフステージのなかに登場する（可能性のある）イベントでもあります。

創業期から順調に業績を伸ばし、成長期へ入った企業にはその業績と将来性によってはIPOを行う可能性が生まれます。そこでIPOを選ばず成長とともに成熟期に入った場合、次の可能性はM&Aによって経営主体を他社に譲るという選択肢です（もちろん、IPOを行った場合にも将来的なM&Aと無縁にはなりませんが、それはオーナー経営者にとってのM&Aとは性格が違ったものです）。また、成熟期とは限りませんが、創業者やオーナー

はどこかの時点で事業承継を考えることになります。

一方、成熟期から新たな成長期への転換に成功しなければ、企業は続いて衰退期に入ります。衰退期では事業規模の縮小などに伴うリストラや企業再生（ここでもM&Aの手法が利用可能です）、廃業や最悪の場合はオーナー経営者の自己破産などというケースも考えられます。

ただし、どのようなケースであれ、オーナー経営者は、生身の人間である以上どこかの時点で企業や事業を手放すことに変わりありません。これが一般に「EXIT（出口）」と呼ばれるものです。廃業などの終了の仕方も一種のEXITかもしれませんが、とはいっても、誰しも廃業、ましてや自己破産などで事業を終わりたいと考えるはずはありません。その反対に、成功のうちにEXITするための方法こそ、IPOでありM&Aなのです（ここでは金銭的な出口を議論しているので親族への承継は捨象しています）。

実は会社の各ステークホルダーにとってもそれは同様です。廃業や倒産はオーナーばかりではなく、経営幹部、従業員、顧客の誰にとってもどうにかして逃れたいものであることは間違いありません。つまり、IPOとM&Aはオーナーにとってのみの利益ではなく、基本的に他のステークホルダーのメリットでもあることが分かります。

では具体的には、ＩＰＯとＭ＆Ａの違いはどのようなものでしょうか。

まず、オーナー経営者について考えます。会社（株式）所有者という立場からの変化についていえば、株式が売却でき、現金として回収可能になるという点は、ＩＰＯであってもＭ＆Ａであっても同じです。

回収した資金は、新たな事業を立ち上げるために利用することや、引退する場合には第二の人生のために充てられると考えられます。

ただし、オーナーの場合は、ＩＰＯに際して全株式を一時に換金することは、株式市場の流動性の観点や、ＩＰＯ直後の経営の安定性の観点から、一般的には困難です。一方で、保有を継続する株式割合によっては、ＩＰＯ後も会社に対しての大きな影響力を保持し続けることも可能となります。また、ＩＰＯ後に株価が上昇すればその時点で保有株式を売却し、ＩＰＯ時以上の利益を得られる可能性もあります。ただし、株式公開によって不特定多数の株主が会社のオーナーとなるのですから経営責任はより重いものになり、経営の自由度は格段に制限されます。また、上場のハードルはＭ＆Ａ以上に高く、実際にＩＰＯできる会社はごく少数です。

Ｍ＆Ａであればオーナーは買収者と合意した価格で保有する株式のすべてを確実に売却

できるので、資金回収という観点に立てば、IPOよりはるかに優れているといえます。一方で、多くのM&Aでは、保有株式すべての譲渡が条件となることから、売却後、会社への実質的な影響力は消失してしまいます。

また、繰り返しになりますが、事業承継にあたって親族内に適切な後継者を見つけられない場合には、M&Aはその問題を解決する大変有効な出口手段として利用できます。通常のM&Aであれ事業承継にあたってのM&Aであれ、会社の財政状態や将来収益が同じであれば、会社の売却額評価は変化しませんからここで記したメリットは何一つ変わりません。

では、一般社員についてはどうでしょうか。通常、IPOは社員にとってはさらに活躍の場が広がる機会ととらえることができます。上場によって獲得した資金調達力と信用力によって、企業は新たな事業ステージに入ることが多いからです。

基本的には、M&Aでは事業に対する新たな親会社のサポートによって、事業環境が向上するのが一般的です。その一方で就業形態などが親会社のものに近づけられることもあり、社内カルチャーなどについては変化する可能性もあります。

その傾向は顧客にとってもほとんど同様であると考えられます。IPOした企業は資金

力と信用力がアップしますから、顧客もそのメリットを享受できます。またM&Aもシナジー効果などによる当該事業の成長のテコ入れを図るものですから、顧客には従来以上のメリットが生じる可能性が大きくなります。

ただし、唯一懸念される点を挙げるとすれば、従業員のケースでも触れたM&Aによる新たなグループ入りで、従来の企業カルチャーや取引方針が変化していくであろうという点です。業務上のつき合い方などは、経営権を獲得した親会社の意向によって変化していく可能性があることは否めません。

ここまでの対比は、企業にとってのIPOとM&Aという二つの選択肢を単純に比較したものです。ところが先にも触れたように、実際はIPOとM&Aでは、IPOに要求される条件の方がずっと厳しいものとなります。M&A件数は年間3000件以上にのぼっていますが、IPOできる会社は近年は年間数十社程度に留まっていることからもうかがい知れます。

もちろん、IPOするために必要とされる条件は一様ではありません。さすがに最近はあまり見なくなりましたが、売上高1億円で新興市場に上場した企業がある一方で、数十億円の売上があってもIPOは不可能という企業もあるのです。このように、上場には

成長性や利益率、市場性など様々な要素を勘案しなければならないのですが、一般的には成長期にある企業であることが絶対条件となります。

一方、M&Aの対象となるためには、成長期にあることは必須条件ではありません。もちろん業績がよければ、それだけ評価も上がります。しかしながら、極端な場合、ライフステージで衰退期にある企業の破綻を救済する、企業再生としてのM&Aもあり得るのです。自力での事業継続が困難な場合、例えば倒産企業にとってM&Aは、事業が生き残るための大変有効な手段となり得ます。当該事業や従業員の雇用を維持するための手段としての意味も大きいといえます。

また、M&Aは、買い手から見ると、将来的にその事業や会社が生み出す価値に対しての投資と考えられます。売り手のオーナー社長から見ると、M&Aがない場合、企業から得られる報酬は、毎年の役員報酬と配当ということになり、毎年の利益から分配していることになりますが、それがM&Aということになれば、後に評価方法については詳しく説明しますが、将来の利益やキャッシュ・フローを現在の価値に置き換えて換金化することができます。つまり、M&Aを使うことで、将来に少しずつ回収するしかなかった資金を、一時に回収することができるという利点があります。先に資金回収することで、第二

の人生を有意義に過ごしてもいいですし、新たな事業を開始してもいいでしょう。出口の視点からすると、M&Aは将来生み出す利益を先に回収する手法という見方もできるのです。

― 投資ファンドとM&Aとの関係 ―

M&Aのベースとなる考え方は、現在よりも、当該企業や事業の価値をより高められる経営主体へと経営を移管するというものです。その点からいえば、同業他社などの事業会社が新たな経営主体となり、シナジー効果によって事業価値を上昇させるという仕組みは、M&Aに関して非常に理解しやすい形であるといえます。

その一方で、事業会社の他にM&Aの買収主体として、「投資ファンド（単に〈ファンド〉と呼ぶときもある）」というものがあるのをご存じの方も多いはずです。

ところが、金融業界には様々な「ファンド」があり、その役割もそれぞれ異なります。

そこで、実際のM&A手法についての説明に入る前に、投資ファンドとM&Aとの関係やその役割、事業会社によるM&Aとの相違などについての基本を押さえておくこととしま

す。

そもそも「M&A＝悪いこと」という誤ったイメージを日本に根付かせる主体となったのは一部の投資ファンドといっても過言ではありません。2000年代に入ってスティール・パートナーズや村上ファンドなどの投資ファンドが大規模でセンセーショナルな投資を次々と行い、短期的な株価上昇を狙った企業資産の切り売りやリストラ要求で世間の注目を集めたのです。その際の強引なやり方から、M&Aを強行するファンド＝悪、という図式ができ上がってしまったといえます。

彼らは「アクティビスト」といわれますが、この言葉の本来の意味は「行動主義者」です。しかしながら同じアクティビストとはいえ、村上ファンドなどはどちらかといえば特異な存在です。一般には、ただ株式などを保有するだけではなく、企業価値を向上させるために積極的にアクションを起こす投資家、いわゆる「ものいう株主」を金融業界ではその名で呼びます。つまり、アクティビストすべてが強引な金の亡者であるという思いこみは正しくありません。

本来「ファンド」が意味するのは、より広い一般の「基金」です。こちらは多数の出資者から集めた資金で投資などを行う集団投資の仕組みであり、日常的に目にすることが多

いのは、恐らく投資信託をファンドと呼ぶ例になると思われます。

確かに投資信託は、不特定多数の投資家から資金を集めて特定の有価証券などを購入し運用しています。また同様に、貴金属や原油、農産物などの先物市場で運用を行うのが「商品ファンド」、不動産が投資対象であれば「不動産ファンド」というのは、これらがすべて同じ仕組みで投資を行うからです。

その点は投資ファンドも変わりません。こちらも同様に複数の投資家から集めた資金で投資を行い、そのリターンを分配する仕組みとなっています。より正確にいえば、M＆Aを引き受けるのはプライベート・エクイティ・ファンド（PEファンド：非上場株式ファンド）といいます。この投資ファンドについては、「ファンド＝悪」という図式は明らかに誤りです。

利用するかしないかについての経営判断は分かれますが、創業期の資金不足を解消して成長への事業拡張に使う例や、業績拡大を軌道に乗せた創業社長が新事業へ転身するために自社を譲る例、オーナー社長が事業承継にあたって企業を第三者へ渡す際などの選択肢として、十分活用できる存在であるというのが正しい判断といっていいでしょう。

ここからはまた多少面倒な話になりますが、もう少し説明を続けます。

投資ファンドは大きく、次の二つに分類することができます。

① 主に市場性のある上場株式などを投資対象とするもの
② 非上場企業の未公開株を投資対象とするもの

①に分類されるものが、投資信託・商品ファンド、ヘッジファンド、アクティビストであり、②がプライベート・エクイティ・ファンドです。そのなかには、ベンチャー・ファンド（ベンチャーキャピタル）、バイアウト・ファンド、ディストレスト・ファンドが含まれます。これらについての内容は図4をご確認ください。

本書が主な対象とするのはこのプライベート・エクイティ・ファンドです。プライベート・エクイティ（PE）というのは、文字通り非上場株式という意味ですが、投資対象を非上場会社に限定しているということもなく、上場企業を買収して非公開化するケースも多々見られます。また、PEファンド投資の中には、上場を維持したまま経営陣とともに価値向上を図る投資手法もあります（PIPEs: パイプス、Private Investments in Public Equities）。

プライベート・エクイティ・ファンドをさらに3つに分けたベンチャー・ファンド（ベ

図４　ファンドの分類

上場株式
- 投資信託
- ヘッジファンド
- アクティビスト・ファンド

非上場株式
- プライベート・エクイティ・ファンド（PEファンド）
  - ベンチャー・ファンド（ベンチャーキャピタル）：優れた技術やサービスを基礎として起業した新興企業等を投資対象とし、数年後の株式譲渡やIPO等によるキャピタルゲインの獲得を目指す。ハイリスク・ハイリターンの投資
  - バイアウト・ファンド（狭義のPEファンド）：企業のライフサイクルの中盤以降にある企業を対象とし、企業価値を向上させ数年後に株式譲渡や IPO 等によるキャピタルゲインの獲得を目指す
  - ディストレスト・ファンド：経営破綻企業またはそれに近い企業の債券や株式に投資を行う

その他
- 不動産ファンド等

ンチャーキャピタル)、バイアウト・ファンド(これをPEファンドと称する場合もあります)、ディストレスト・ファンドの区分は、主に投資対象のライフステージに即した分類と考えることができます。

創業期の企業や事業に投資するのがベンチャー・ファンドです。目標とするEXITはIPOによる資金回収ですが、投資時期が創業期であることから、投資対象が実際にIPOに到達する割合はそれほど多くありませんが、そこで逆に成功した場合のリターンは数十倍にまで達することもあります。

バイアウト・ファンドの投資対象は成熟期以降の企業や事業です。大企業の一部門や子会社などの優良企業に加え、経営再建中の企業などにも投資しますが、過半数を超える株式を取得して積極的に経営に参加するのが基本的な投資方針です。成熟期にある事業を対象とすることが多いため、投資資金の回収ではIPOを出口戦略とするケースは相対的に多くありません。むしろ、事業価値を高めて事業会社などに譲り渡す戦略的売却でキャピタルゲインを得る方式が主流となります。投資に関するリスクが比較的小さく、投資から回収までの期間もそれほど長くはならない傾向にある(5年前後が主流です)ことから、ミドルリスク・ミドルリターン投資に位置づけられます。特に2000年代の半ば以降は

図５　投資ファンドが関連する事業承継型Ｍ＆Ａの主な事例

投資実行日	対象会社	対象会社の業種	買収者名
2014/5	おやつカンパニー	スナック菓子メーカー	カーライル・グループ
2013/8	リラク	リラクゼーション業経営	アドバンテッジパートナーズ
2013/3	スタイラ	オーガニック化粧品の企画・販売	ライジング・ジャパン・エクイティ
2012/9	アルク	語学教材大手	日本みらいキャピタル
2012/2	河内屋	業務用酒販大手	オリックス
2008/9	９９９．９(フォーナインズ)	眼鏡類、サングラスの企画・卸売・小売	ジャフコ
2008/3	コメダ	コーヒーチェーン「コメダ珈琲店」を展開	アドバンテッジパートナーズ
2008/1	阪神調剤薬局	調剤薬局	ヴァリアント・パートナーズ
2006/12	キューサイ	青汁をはじめとするヘルスケア商品、スキンケア商品等の製造・販売	エヌ・アイ・エフSMBCベンチャーズ（現：SMBCベンチャーキャピタル）、日本産業パートナーズ、ポラリス・キャピタル・グループ

投資額が大きく伸びています。本書で想定するM&Aの担い手となるファンドは、主にこのタイプです。

経営不振企業の株式や債券を投資対象とするファンドは、ディストレスト・ファンドと呼称されます。事業承継の目的で利用されることはあまりなく、不良債権などに投資するファンドだとイメージしていただければいいでしょう。

事業の多角化の失敗や過剰な債務を抱える不振企業であっても、本業部分では収益を上げているものや、将来性のある優れた技術を持つような企業は少なくありません。PEファンドの中には、資本投下や経営者派遣などといった支援を通じてそのような企業の再生（ターンアラウンド）を図り、企業価値を高めてリターンを確保する企業再生投資を得意とするところもあります。

―M&Aの担い手となるバイアウト・ファンド―

日本では主なバイアウト・ファンドでも40社以上が活動しています。その内容を見ると、筆者の主観的な分類ではありますが、得意とする事業対象から大きく分類して大規

模・中規模・小規模の3種類、また独立系・再生系・メガバンクグループ系・その他金融機関／商社系・外資系、さらに政府系ファンドなどを加えて分類できます。同じバイアウト・ファンドでも得意領域や投資方針が違ったりと、各社それぞれに特徴を有しています。

世界的に見ても投資ファンドによる投資案件と投資額は2000年代に大きく伸張し、リーマン・ショックによって一時的に落ち込んだものの、今日では再び増加する傾向を示しています。それは日本においても同様です。

ただし、日米の事情を比較するとその差が大きく、両国の経済規模から見れば、日本における投資ファンドの活躍余地はまだまだ大きいと考えられます。

ここからは、M&Aの場面での買い手候補として登場してくることが多いPEファンド（バイアウト・ファンド）について、多少詳しく説明を加えます。

日本で初めて開始されたバイアウト専門の投資ファンドは、1997年のアドバンテッジパートナーズによるものでした。日本バイアウト研究所の調査によれば、それから2013年までに180本弱のファンドが設立され、投資案件数は700を超えました。コミットメント額は累計で3兆円を超える規模にまで成長しています。

特に、その投資手法には特徴的なものが複数ありますので、そのなかの代表的なものに

図6　主なバイアウト・ファンドの分類

	独立系	再生系	メガバンクグループ系	その他金融系・商社系	外資系
大規模	アドバンテッジパートナーズ ユニゾン・キャピタル		日本産業パートナーズ ポラリス・キャピタル・グループ		KKRジャパン ベインキャピタル・アジア・LLC カーライル・ジャパン・エルエルシー ペルミラ・アドバイザーズ TPGキャピタル MBKパートナーズ PAG Japan
中規模	アント・キャピタル・パートナーズ インテグラル 日本みらいキャピタル ワイズパートナーズ	フェニックス・キャピタル ジェイウィルパートナーズ	ジャパン・インダストリアル・ソリューションズ ライジングジャパンエクイティ MULプリンシパルインベストメント 丸の内キャピタル みずほキャピタルパートナーズ	オリックス 東京海上キャピタル ジャフコ アイ・シグマ・キャピタル 大和企業投資 大和PIパートナーズ リサ・パートナーズ SBIキャピタル	CLSAキャピタルパートナーズジャパン CITICキャピタル・パートナーズ・ジャパン・リミテッド リバーサイド・パートナーズ ロングリーチグループ CVCアジア・パシフィック・ジャパン ベアリング・プライベート・エクイティ・アジア
小規模	ACA J-Star 日本プライベートエクイティ ニューホライズンキャピタル	アスパラントグループ ネクスト・キャピタル			

（注）一部ファンド以外の自己投資会社を含む

図7　ファンドが関連したM&A案件数と資産額（日）

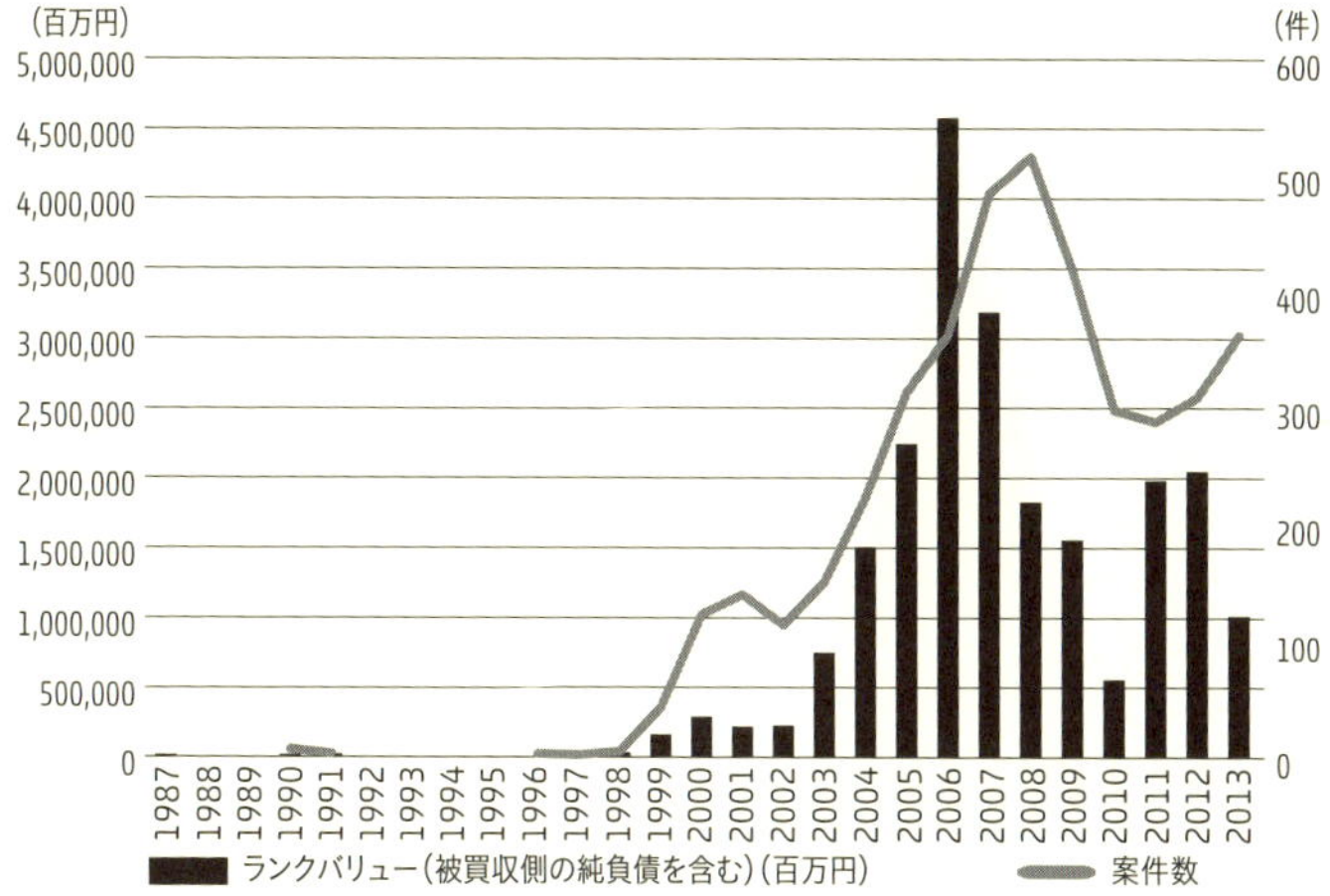

図8　ファンドが関連したM&A案件数と資産額（米）

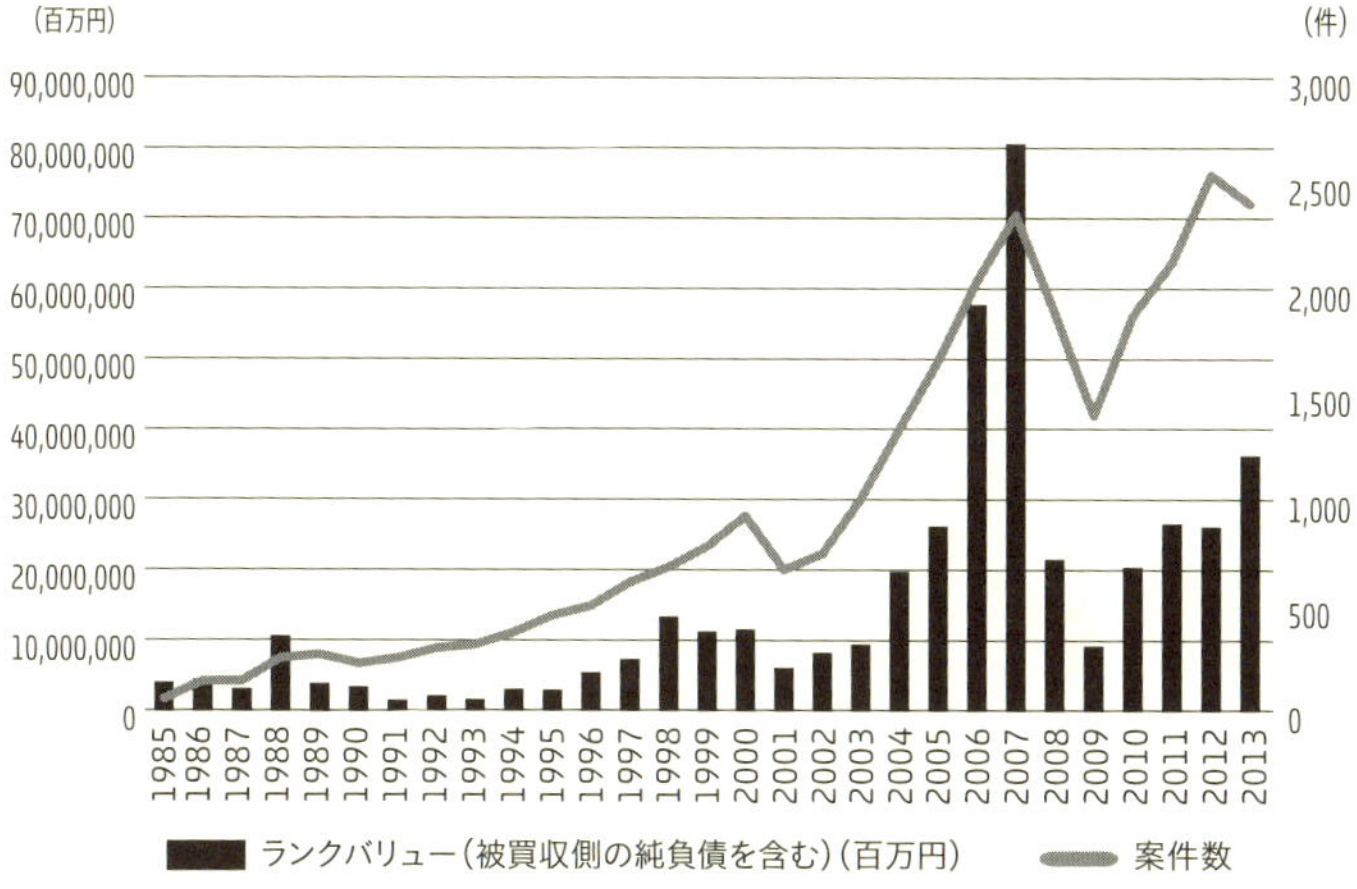

（出所）トムソン・ロイター

図9　ファンドが関連したM&A 資産額の日米比較

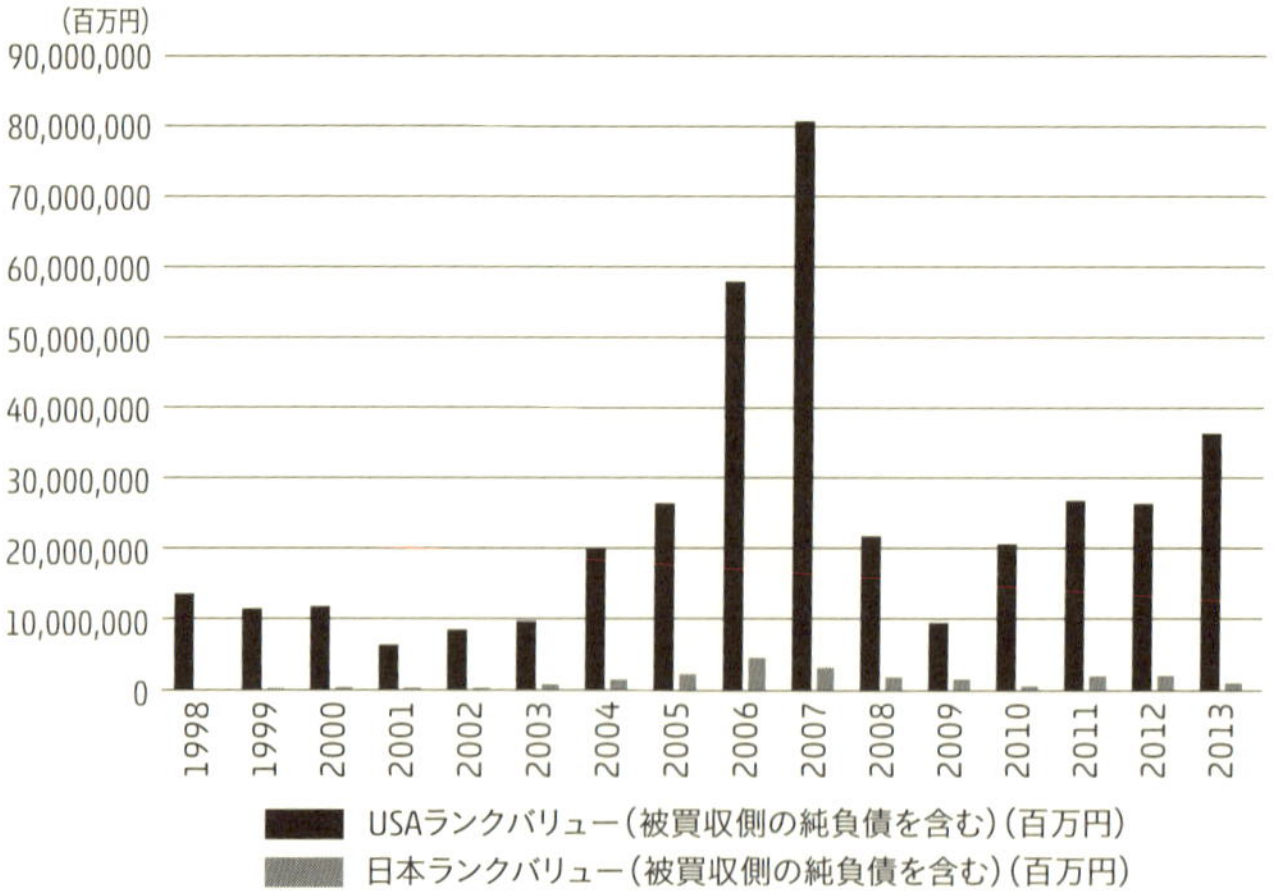

図10　ファンドが関連したM&A 案件数の日米比較

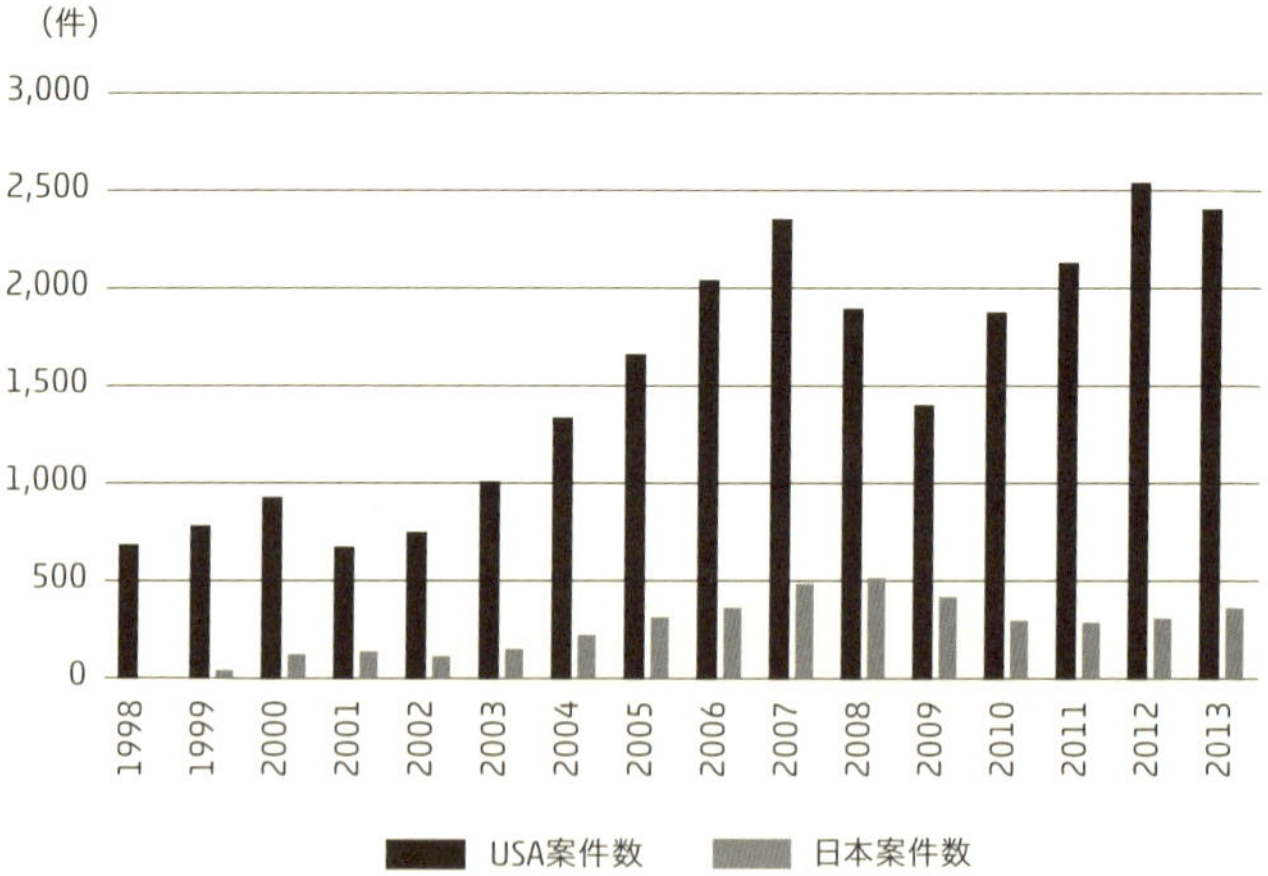

（出所）トムソン・ロイター

ついて説明します。

まず、投資主体による区分として、「ＭＢＯ」（Management Buyout：マネジメントバイアウト）、その派生形として、ＭＥＢＯ（Management Employee Buyout：マネジメント・エンプロイー・バイアウト）やＭＢＩ（Management Buy-In：マネジメントバイイン）があります。

ＭＢＯは、当該企業の経営陣が株式や事業を譲り受け、独立する手法です。これは事業承継の際にも活用できますが、買収を希望する経営幹部が独力で企業や事業を買収する資金を持たない場合などにバイアウト・ファンドが株式取得資金の多くを拠出し、共同で取得する場合があります。ＭＢＯは、経営者による企業買収という意味になりますが、この場合には、文字通りの経営者による買収というイメージとは異なり、実際にはバイアウト・ファンドが資金の多くを拠出しています。なお、経営幹部だけでなく、従業員も資金を拠出する場合には、ＭＥＢＯとなります。

ＭＢＩは、投資ファンドがＭ＆Ａを実施して企業の経営権を握り、事業を発展させられる経営陣を外部から派遣する手法です。

また、投資対象として、上場会社を対象とする場合もあれば、企業の一部門や、子会社を対象とする場合もあります。

上場会社が投資対象となる場合には、株式公開買付け（TOB）を実施することになります。これは「買付け期間・買取り株数・価格等」をあらかじめ公告して、応募のあった不特定多数の株主から株式の買付けを行うものです。原則として、上場会社の3分の1を超える議決権を取得する場合には、ルール上TOBが必要となりますので、バイアウト・ファンドが上場会社を投資対象とする場合は、ほとんどの場合TOBを行います。

「切り出す」という意味のカーブアウトという手法もあります。これは企業のなかから一部の事業を切り離して別組織の子会社として独立させ、IPOなどを目指すものです。切り離した事業をバイアウト・ファンドが取得する場合もあります。

バイアウト・ファンドが行うM&Aにおいて、MBO、TOB、カーブアウトといった聞き慣れない言葉が出てきますが、一つ一つの意味はそれほど複雑なものではありません。言葉に惑わされずに、事業承継という目的に沿った場合に、検討の価値があるかどうか、冷静に対処することが重要です。

事業承継目的のM&Aを検討する際には、そもそもの目的は、EXITに加えて当該事業や会社の成長ですから、買収候補として投資ファンドも事業会社も区別せず考慮し、よいと思った先と交渉すればよいというのが基本です。ただし、投資ファンドは「ファン

ド」であって、資金運用が目的ですから、いつかは出口（ＥＸＩＴ）を迎えないといけない存在だということには留意する必要があります。ＥＸＩＴの手法としては、ＩＰＯかＭ＆Ａということになりますから、多くの場合はＭ＆Ａになる可能性が高いといえます（経営陣による買戻しや自己株買いという例外的なＥＸＩＴもあります）。Ｍ＆Ａの相手として、業種や企業の状況によっては、事業会社の方がいいケースもあれば、あえて投資ファンドへのＭ＆Ａを考慮した方がよいというケースも想定されます。例えば、従来からビジネス上の競争相手であったライバル企業へのＭ＆Ａを嫌う場合や、早期にＭ＆Ａを完了させたい場合などがそれにあたります。投資ファンドは、当然ながら投資することに慣れていますから、その分意思決定は通常の事業会社より早いといえます。

さらに、より高額の取引評価を求めることもまたＭ＆Ａの目的の一つです。そのためには、１社と交渉するよりは買収候補者が複数である方が有利になりますから、事業会社だけでなく投資ファンドを検討対象に含める意味が出てきます。さらに、投資ファンドの事業評価基準は事業会社とは異なる部分もありますから、その点でも活用を考えることがメリットとなってきます。

「ハゲタカ」や「乗っ取り」というかつてのマイナスイメージは、決して投資ファンドの

本当の姿ではありません。M&Aを成功させるためには、検討対象として選択肢に加えたい存在といえます。「食わず嫌い」というのはもったいない話で、投資ファンドという存在を理解したうえで、利用価値があれば使ってみればいいし、価値がなさそうであれば使わないという、適切な判断をすればいいのです。

第3章

事業承継を成功させる
M&Aの具体的手法

―具体的なM&Aの様々な手法―

M&Aとは簡単にいえば企業や事業を売却・取得する行為のことです。その意味を広義に解釈すれば、資本提携や（定義の仕方によりますが）場合によっては事業提携までがM&Aに含まれます。そのことからも分かる通り、同じM&Aという言葉を使っても実際そこには様々な手法が存在しています。

そこで重要になってくるのは、①何のために、②企業や事業のどの部分を、③どのように売買するのかということです。それらの目的をどのように設定するかによって、その際にもっとも有利でそれに適したM&Aの手法はまるで違ったものにさえなります。法的手続きの煩雑さや、税務上の有利不利も手法によって異なることもあります。ましてやM&Aは相手のある取引ですから、交渉によって決まる部分もあります。つまり、売却側であるか買収側であるかにかかわらず、実際にM&Aプロジェクトの当事者となる場合は、幾種類もあるM&A手法について理解しておく必要があるわけです。

ここでは全体のなかから、企業の合併や株式の売買にかかわる狭義のM&Aについてまとめていきます。

M&A手法についてはいくつかの分類法がありますが、まず、「会社」自体が取引の対象となる手法と、会社のなかの「事業」が取引対象となる手法とに分類されます。前者は、株式の取得や売買を伴う「株式譲渡」「株式引受」や組織再編行為として知られる「株式交換」「株式移転」「合併」に分かれます。一方、後者の事業が取引対象となる手法は「事業譲渡」「会社分割」に分類されます。それらを対応する法律別に分類し、合計7種類でM&Aの大枠について説明しましょう。

―「会社」自体が取引対象となる場合―

会社自体を取引対象とするということは、基本的には株式の移動が行われ、会社の支配権が移転することを意味します。その支配権の移転とは、過半数の議決権を他の者が取得することをいいます。なかでも、「株式譲渡（株式取得）」は中堅・中小企業を対象としたM&Aではもっともポピュラーな手法です。事業承継を目的としたM&Aの大半に関しては、この株式譲渡（株式取得）の手法が用いられます。これは、企業の株式を取得することによって、その会社を支配するという仕組みですから、対外的には株主が変化する以外

図11　M&Aの分類

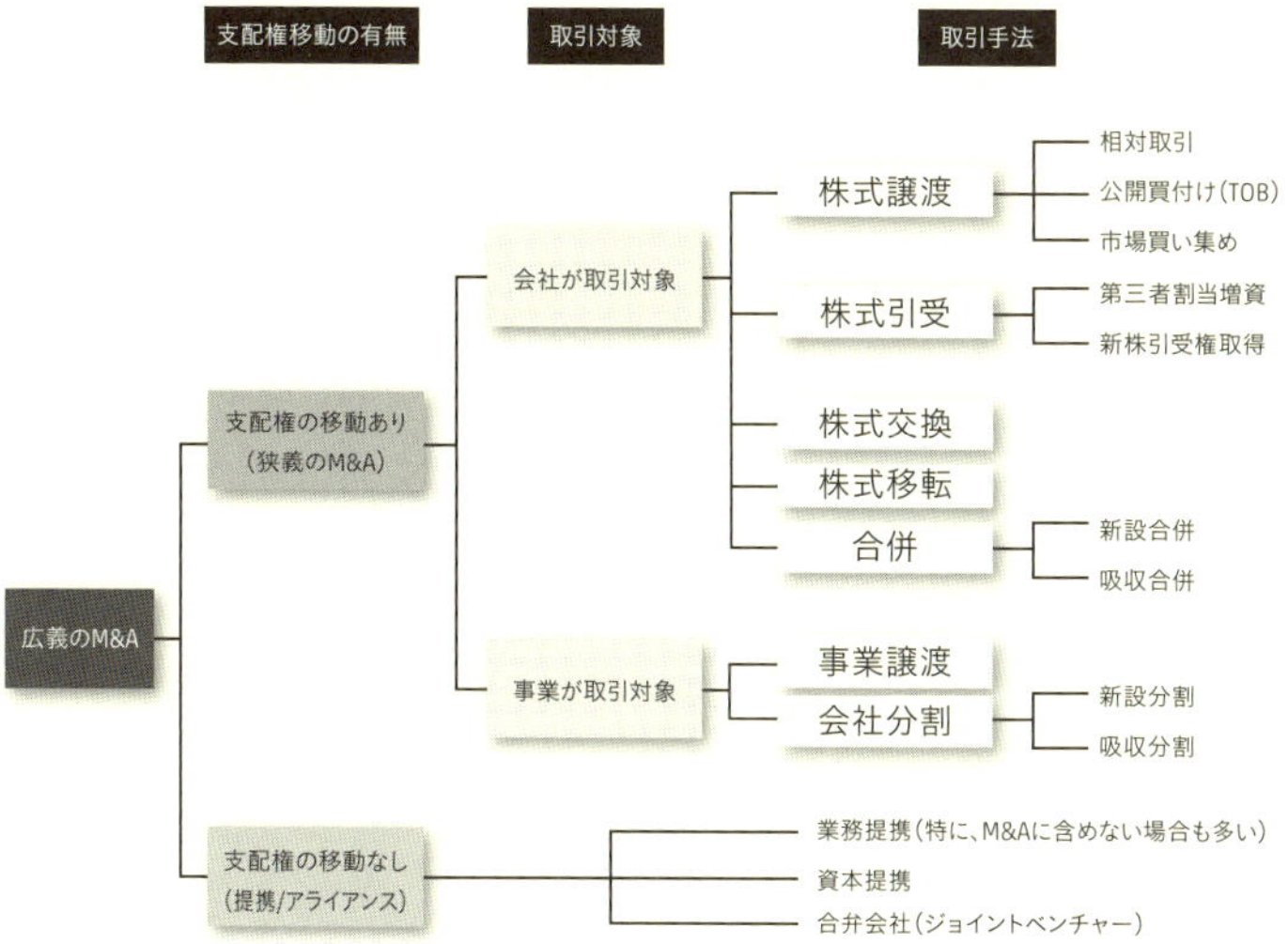
支配権移動の有無
取引対象
取引手法
広義のM&A
支配権の移動あり
（狭義のM&A）
会社が取引対象
株式譲渡
相対取引
公開買付け（TOB）
市場買い集め
株式引受
第三者割当増資
新株引受権取得
株式交換
株式移転
合併
新設合併
吸収合併
事業が取引対象
事業譲渡
会社分割
新設分割
吸収分割
支配権の移動なし
（提携/アライアンス）
業務提携（特に、M&Aに含めない場合も多い）
資本提携
合弁会社（ジョイントベンチャー）

にはM&Aによる大きな変化はありません。社名を含め、企業が持っている債権や債務、顧客との契約関係などの資産や負債もすべて自動的に引き継がれ、それらの移転手続きなどは一切不要です。

基本的に「株式を渡し、対価を受け取る」だけの「株式譲渡（株式取得）」は、数多いM&A手法のなかでもっとも手続きが簡便で時間的なメリットの大きいものといえます。また、元のオーナー（売り手）にとっては、株式を売却するのと同じタイミングで、売却代金を手にすることができるため、事業承継の手法としても非常にスタンダードな方法となります。

ただし、「株式譲渡」をはじめ、会社自体を取引対象とする手法では、買収側が対象企業を包括的に引き受けます。そのため万一、M&A実施後に予期しない簿外債務などが明らかになった場合には、それを解決する義務を負うことになります。また、対象企業のなかに、必要な事業と不要な事業が混在していたとしても、その両方を引き受けなければならないというデメリットもあります。そのため、買収にあたっては、デューデリジェンス（M&Aにあたって行う法務や財務等に関する調査）を綿密に実施することが重要になります。

この「会社」自体を取引対象とする手法は、細かい手法の違いから以下の5種類（①株

式譲渡、②株式引受、③株式交換、④株式移転、⑤合併）に分類されます。それぞれの代表的なメリットとデメリットについても触れておきます。

「株式譲渡」「株式引受」

① 株式譲渡：M＆A対象となる企業（対象会社）の既存株を譲り渡す手法。買い手から見た場合は、「株式取得」となります。

② 株式引受：対象会社から新株を割り当ててもらう手法。「増資」と同義であり、M＆Aの場合は、既存の株主以外の第三者による増資になるため、「第三者割当増資」がM＆Aの手法として用いられます。

①株式譲渡のメリットは、手続きが比較的簡単であるとともに、旧オーナーにとって直接譲渡代金を入手できる点です。また、原則としてM＆Aの前後で対象会社に変化がなく、顧客など対外的に株主変更以外に大きな変化がないことも好まれます。なお、売り手が個人株主の場合には、売却益に対する課税が、小さく済むこともメリットの一つとなる

図12 「株式譲渡」「株式引受」のスキーム

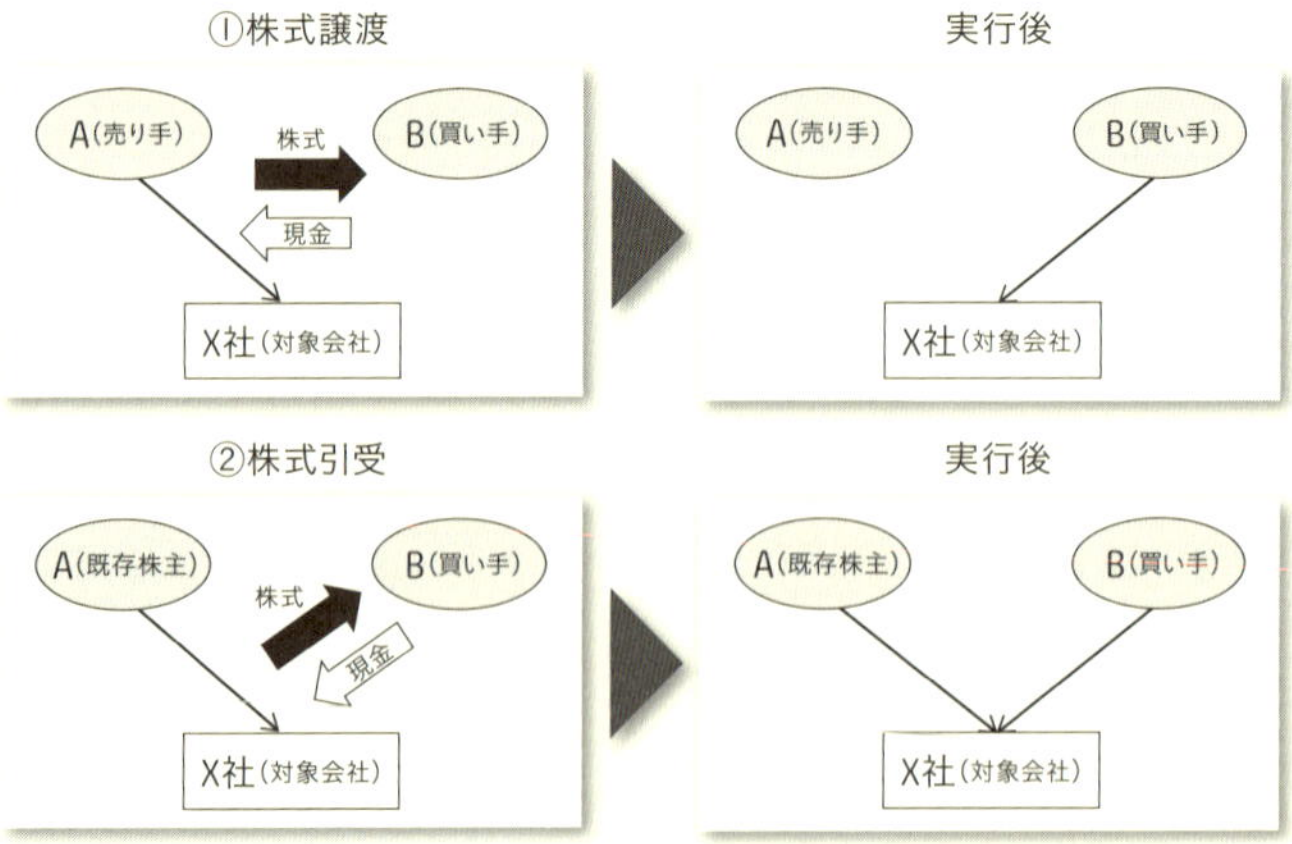

場合もあります。

デメリットは、M&A対象会社に資金が増えないので、対象会社が資金的に不安のあるケースでは、別途増資の資金が必要となることが挙げられます。また、負債等まで一括で引き継がれるため、M&A実施後にそれ以前の債務などが明らかになった場合は買収会社の責任となるリスクもあることです。ただし、これは株式譲渡特有のデメリットとは限りません。会社そのものを取引対象とする場合は、必ず同様のリスクが生じます。

②株式引受のメリットはM&A対象会社に資金が投入されるため、資本が増加し、財務基盤が強化されることです。

旧オーナーにとってのデメリットは、自己

持株比率が下がり対象会社への支配権が弱まるにもかかわらず、M&Aによる金銭的メリットを得られないという点です。そのため、事業承継目的で用いる場合には、株式譲渡などの手法と組み合わせて採用する必要があります。買収側にとっても、既存株主を残すこと自体がデメリットになる場合もあります。

―「株式交換」「株式移転」―

③ 株式交換：対象会社の株式を買収会社の株式に交換し、対象会社の株式は買収会社が保有する手法

④ 株式移転：対象会社の株式を新設の持株会社の株式に交換し、新設会社が対象会社の持株会社となる手法

③株式交換と④株式移転についてのメリットとデメリットはほとんど共通しています。買収会社が現金を使わずに、株式を対価とするだけで、対象会社を買収（キャッシュレス買収）できることがメリットとなります。ただし、現金を使わずに買収できるとはいえ、

図13 「株式交換」「株式移転」のスキーム

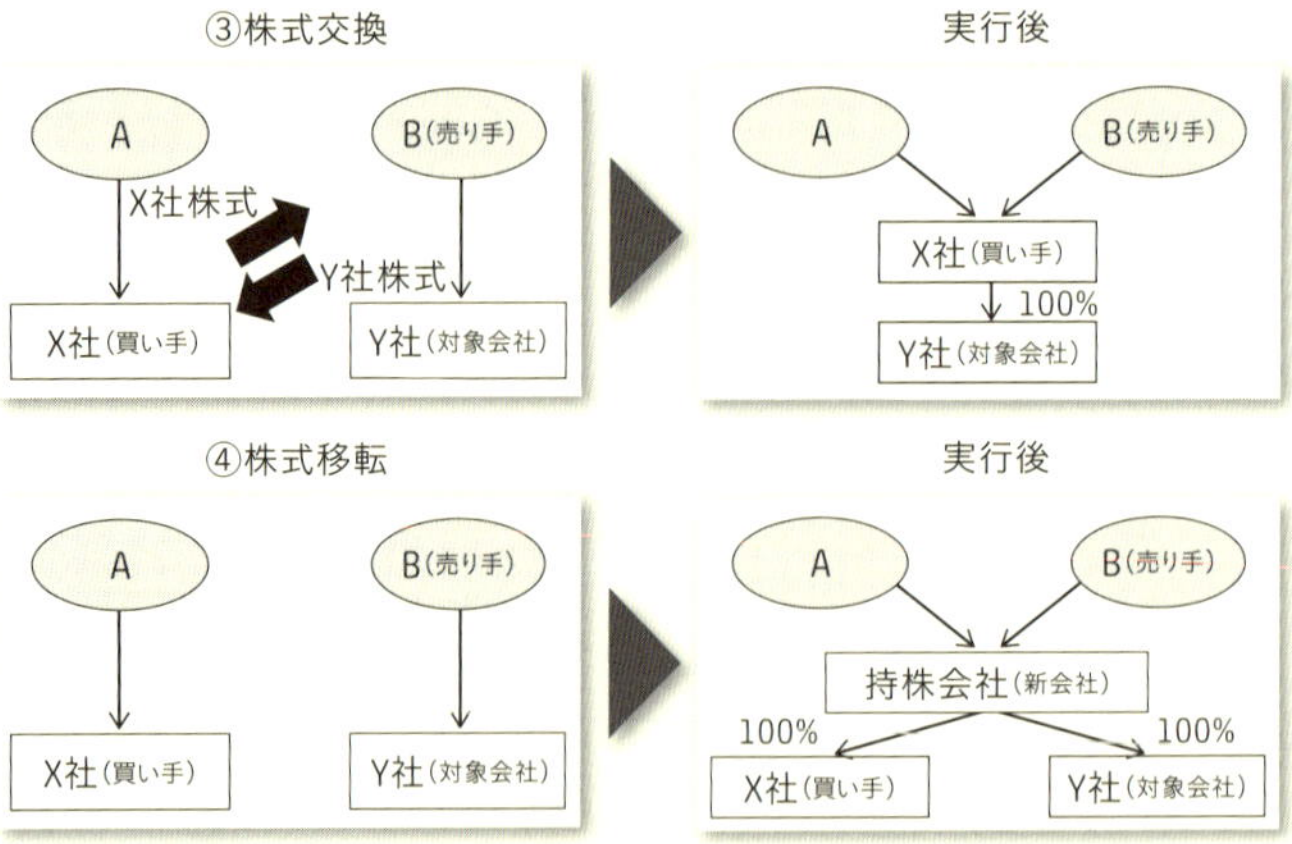

決して無料で買収できているわけではなく、それに代わる株式を発行して対価としていることがポイントです。発行する株式の数量は、「株式交換比率」や「株式移転比率」によって決定し、対象会社の株主に割り当てる数量が決められます。

もっとも「株式交換」「株式移転」という名称でありながら、法律上は対価を株式ではなく現金にすることも可能です。ただし、対価が株式であるケースと比べると、稀な方法といえます（現金対価の取引があまり用いられないのは、税務上の問題があることも一因なのですが、ここでは詳細を割愛します）。

株式移転は、2社間で行う場合には、「共同株式移転」という形をとります。共同で持

株会社をつくることによって、「売った・買った」というイメージがつきにくいという点が特徴です。新聞等で「経営統合」という言葉を目にすることがありますが、共同株式移転の手法をとった場合に、経営統合と呼ばれることもあります（なお、「経営統合」という言葉は、正式な定義があるような法律用語ではなく、いわば「新聞用語」のようなあいまいな言葉であるので、使うときには注意が必要です）。

「株式交換」「株式移転」のデメリットとしては、売り手（旧株主）は買い手（持株会社）の株式を取得することが挙げられます。つまり、非上場会社の株式が対価として用いられる場合には、旧オーナーは換金することが困難になってしまいます。そのため、非上場会社が買い手となる事業承継型のM&Aでは、株式交換や株式移転が用いられることはあまりありません。上場会社が買い手の場合、売り手（旧オーナー）が上場会社の株式を手にすることになりますが、株価が変動するリスクを負い、取得した上場株式の数量によってはすぐには換金化できないリスクを負う可能性もあるので留意が必要です。

―「合併」―

⑤ 合併：2社以上の法人が一つの法人となるM&Aが「合併」です。

これまでの①②③④の手法は、買収前の法人格が維持される方法であったため、基本的には会社の所有者である株主が代わる手法として整理することができました。一方で、合併は、売り手の法人格は買い手の法人格に吸収されてしまうので、他の4つの手法とは、かなりの違いが見られます。

この手法ではM&A実施企業の旧オーナーは、通常、合併比率に応じた新会社の株式を受け取ることになります。ただし、状況に応じて買収会社の親会社の株式や評価額相当の現金が対価となることもありますが、現実的には事業承継に用いられることはあまりない手法であるといえます。

合併は、法律上は合併するなかの1社が存続し残りの法人が消滅する「吸収合併」と、新たに法人を新設させ旧法人をすべて消滅させる「新設合併」があります。ただし、新設合併が実際に用いられることはほとんどなく、99・9％の確率で吸収合併が選択されま

図14 「合併」のスキーム

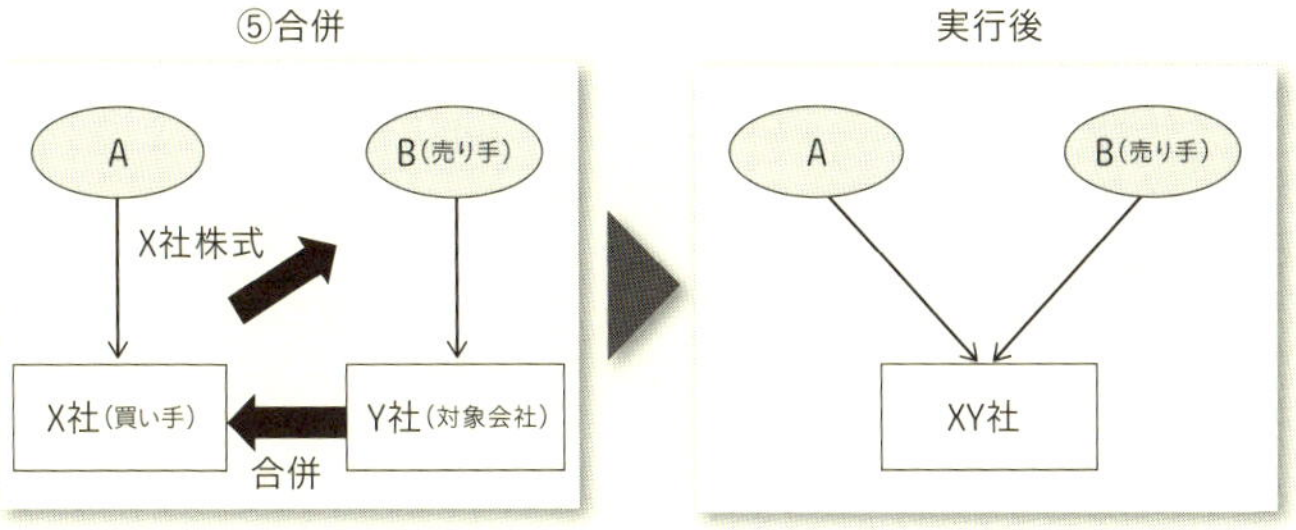

す。対外的には「対等合併」という表現がしばしば使われますが、法律的にはどちらか一方が他方を吸収するということを決めなければなりません。

この手法のメリットは、株式交換・株式移転の場合と同様に、買収資金が不要であり、株式を対価とすることができることです。また、確実に企業規模が拡大するので、スケールメリットを得やすい点や、統合効果を他の手法より出しやすいということがメリットになります。

ただし、非上場会社間の合併の場合には、株式の流通性が悪く、換金可能性が乏しいことが原因となってあまり用いられません。現金を対価とする合併は、株式交換・株式移転

の場合と同様に、税務上のデメリットが生じるので、こちらもあまり用いられていません。さらに、合併では、複数の会社が1社になることから組織や人事の統合に伴う労力が大きくなり、社内や従業員間に不安や不満が広がることやモチベーション低下につながる可能性も出てきます。そのため、対象会社をいきなり合併せずに、いったんは持株会社をつくったり、子会社化したうえで、将来的に合併させるという手法をとることも少なくありません。

―「事業」が取引対象となる場合―

M&A対象企業そのものを売買するのではなく、特定の事業やその一部に関係する資産・負債のみが売買される手法として、「事業譲渡」と「会社分割」があります。

法律面からは、事業譲渡は個別の資産・負債等の譲渡の集合体であり、「会社分割」は包括的な資産・負債等の譲渡といういい方ができますし、法律手続きも大きく異なります。一方で、経済的な側面からはそこまでの大きな違いがあるとはいえません。実務的には、専門家の間でも事業譲渡と会社分割のどちらを選択すればよりメリットが多くなるか

について検討課題になるケースもあるほどです。特に専門家に検討を任せた方が安全な分野であるといっていいでしょう。ここでは、簡単に事業譲渡と会社分割の違いについて説明します。

―「事業譲渡」「会社分割」―

⑥「事業譲渡」
⑦「会社分割」

M&A対象企業そのものを売買するのではなく、特定の事業やその一部に関係する資産・負債のみが売買される手法が「事業譲渡」です（なお、「事業譲渡」は、以前は「営業譲渡」と呼ばれていましたが、2006年の会社法施行後は、法律上の呼称が「事業譲渡」に変更されています）。譲渡されるのは、事業もしくはその一部であり、不動産や在庫などの個々の資産、取引契約や賃貸契約などの個々の契約、人材のどの部分までを譲渡対象とするのかなどを明確化してその部分のみを売買するM&A手法であり、準備や手続きは煩雑

なものになります。

譲渡対象には不動産や機器などの有形固定資産、売掛金などの流動資産に加え、人材や営業権（のれん）、ノウハウといった無形資産も譲渡対象にでき、売り手企業、買い手企業の双方が売買対象を細かく指定できる点が特徴です。

「事業譲渡」の「会社分割」との大きな違いは、譲渡の対象となる従業員について、個別に承諾をとる必要があるという点です。例えば、買い手側のM&Aの重要な目的が、優秀な従業員たちにあるというようなケースで、個別に同意をとることに自信がないような場合には、会社分割を選択した方がいいといえます。一方、従業員は譲渡対象に含まず、資産や商圏といったものだけを譲渡対象にしたいような場合には、事業譲渡を選択した方がいいといえます。

「事業譲渡」のメリットとデメリットは、この手法の特徴そのものといえます。旧オーナーは譲渡対価を受け取る代わりに事業への支配権や予想される利益などを失います。一方、買い手会社は必要な事業とそれに付随する資産だけを購入することが可能となり、M&A契約で引き継いだ債務以外のリスクを負うことは、原則としてありません。ただし、譲渡資産についての明確化やその手続きなどで、大変細かく煩雑ともいえる手続きが必要

となる点がデメリットとなります。

「会社分割」はM&Aの対象となる企業の一部を包括的に分割する手法です。この手法はM&Aに限らず、例えばグループ内の組織再編に利用されることもあり、その場合は一部の事業を別法人に切り出して子会社とするケースもあります。

部門売買というポイントでは事業譲渡と同様ですが、個々の資産の譲渡である事業譲渡に対して、会社分割は事業を一体として切り離す手法である点が特徴です（厳密にいえば「事業」でなければならないという厳密さはありません。ただしここでは「事業」の分割だと思ってください）。また、会社分割には二つのタイプがあります。新しく設立した企業に事業を移す「新設分割」と既存の企業に事業を移す「吸収分割」です。

事業ごとのM&Aに際しては、個々の債権や契約の移し替えなどの手続きが煩雑になりがちな事業譲渡に比べ、会社分割であれば一体化して分割し切り分けることで必要な作業が簡素化されます。会社分割という手法のメリットはそこにあります。また、買収会社の株式を交付することで資金がなくとも買収を実施することもできます。

デメリットは、M&Aの引受先が非上場会社である場合に生じます。この場合は、旧オーナーは株式を交付されてもその換金が困難であり、株式を対価とする合併や株式交

図15 「事業譲渡」「会社分割」のスキーム

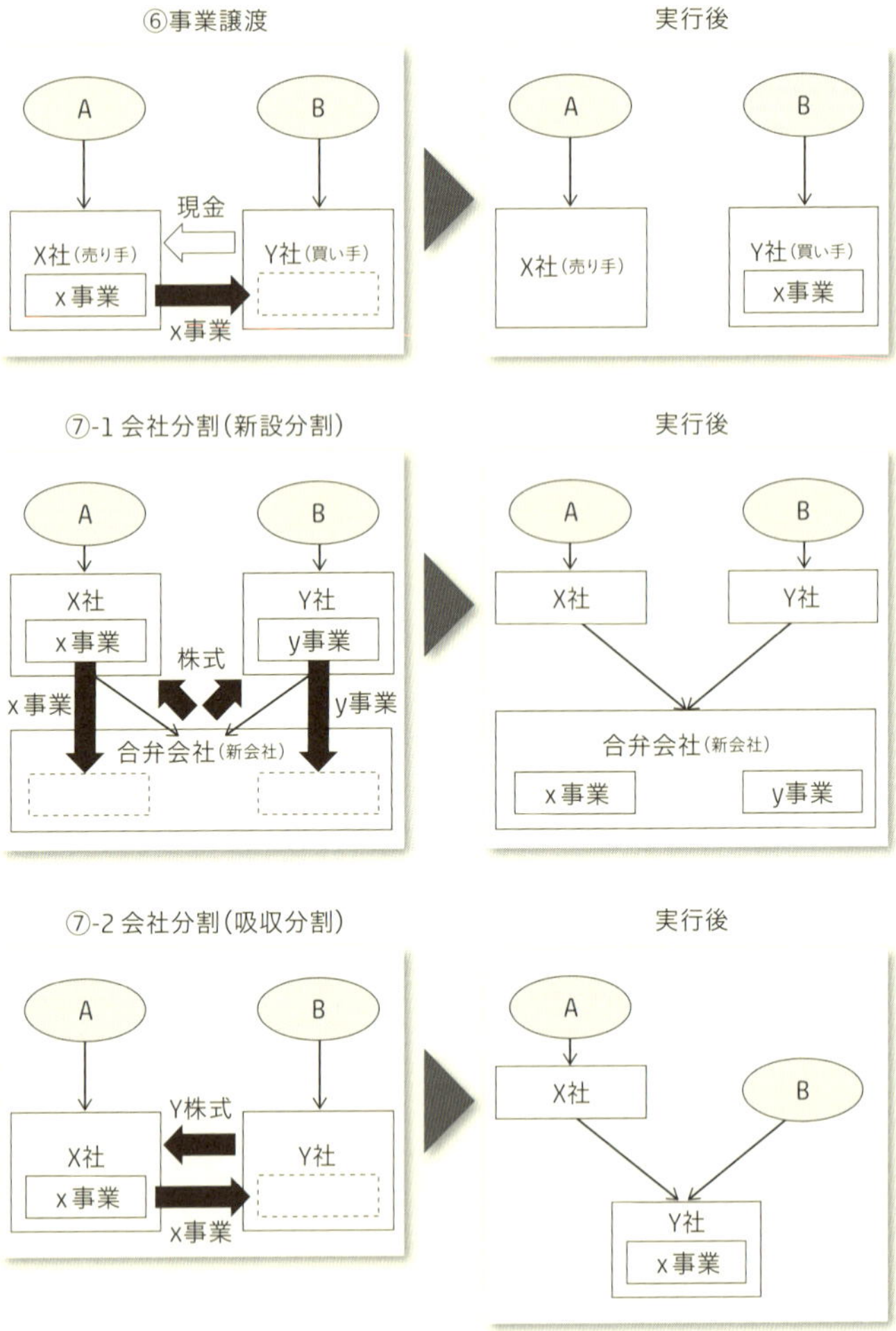

換・株式移転と同様といえます。また、譲渡対象となる事業に主として従事するすべての従業員も分割対象となります。そのため譲渡対象の従業員の数を調整できないということにも留意が必要でしょう。また、会社法上求められる法律手続きについては会社分割の方が煩雑となり、時間が掛かってしまう点もデメリットとして挙げられます。

事業譲渡と会社分割は、税務面でもやり方次第で大きな違いがありますので、実際に適用する際には、専門家に相談すべき分野といえます。

―それぞれのM＆A手法から最適なものを選ぶ方法―

ここまでの説明で概要はお分かりいただけたかと思いますが、同じ「M＆A」という名称でまとめられてはいますが、実際の手法は様々であり、それぞれのメリットとデメリットも一様ではありません。当然、何を目的とし、M＆A後にどのような事業計画へとつなげるかなど、具体的なケースによって各手法の使い勝手は異なります。

ただし、いくつかの条件を切り分けて考えれば、大枠での利用すべきM＆A手法にあたりをつけることは可能となります。ここではその場合に重要となる、①会社を買うか、事

業を買うか、②買収した企業（事業）をどのように受け入れるか、③現金で買うか、株式で買うか、という3つの切り口から、M&A手法を選択する際のポイントを考察してみましょう。なお、ここでは説明の便宜上、買い手側からの視点を中心に記載いたします。

―会社を買うか、事業を買うか―

まず、何を買収するか、つまりM&A対象は何か、という切り口を重要なポイントとして考える必要があります。

M&Aの実施対象には、大きく分けて、会社を買うか、事業を買うかという二つの選択肢があります。それぞれのケースで、有効なM&A手法は変わってきます。

実務的なポイントから見ると、会社を買うことと事業を買うことの違いは、譲り受ける事業の範囲を選択できるか、またはそれができないか、という点になります。

M&Aの対象が会社そのものになる場合は、M&A対象の会社がこれまでに営んできた事業、その結果として保有することになった資産と負債、従業員や得意先・顧客、さらにはそれらとの契約関係のすべてを引き継ぐことが大原則です。

例えばM&Aによって取得しようとする会社が展開する事業のうち、買収後も十分なシナジー効果が見込めず、赤字解消の目処の立たないものがあったとしても、基本的には、その事業に関係する従業員や顧客との契約関係はもとより、資産・負債までのすべてを引き継がなければなりません。本来、そのような事業は買収会社にとって不要なはずですが、売却側がM&Aの条件として企業全体の一括売却を挙げているのであれば他の選択肢はありません。

もちろん、その場合には本来の購入目的であった事業は、M&A後も継続して同じ法人内にあり続けます。シナジー効果などで一段の成長・拡大が期待できる事業の従業員や顧客などとの契約関係は継続することとなります。当然、その事業に活用される許認可は売却された企業の保有ですから、それまでと一切変わらない形で保持されるケースが一般的です。

これに対して、M&Aの対象が対象会社のなかの一事業である場合は、旧オーナー会社から引き継ぐ事業を選択できるというポイントが最大の特徴です。

利用するM&Aの手法や相手との交渉状況によって一定の制約はありますが、対象事業のなかから、引き継ぐ資産・負債や従業員との雇用関係、顧客との契約などを限定するこ

とも可能となります。ただし、買収する事業は別個の企業や新設された法人など、旧保有企業とは別の法人に移動しなければなりません。利用するM&A手法によっては、その際に買収事業にかかわる契約関係などの引き継ぎが煩雑となる（場合によっては引き継ぎできない）可能性が出てきます。また、当該事業に必要な許認可などを新会社であらかじめ取得する必要性が生じるケースもあります。

実際のM&Aでは、ここまで説明した選択肢からそれぞれのメリットとデメリットを十分検討し、最適なものを選ぶことになります。もちろん、その場合にはM&Aの専門家であるアドバイザーなどの助言を受けることができれば、より効率的なM&Aを実施できる可能性は大きくなります。

会社を買うという選択を下した場合であれば、実際のM&Aでは対象となる会社の株式を取得することで目的は達せられます。そのケースでもっとも一般的なのは、シンプルに現在の株主（オーナー企業であればオーナー経営者など）が保有する株式を譲り受ける「株式譲渡（株式取得）」です。その他には、M&A対象となる企業が新たに発行する株式を第三者割当増資として引き受け、その対価として対象会社へ資金を拠出する「株式引受」や、M&Aの対象とする企業の全株式を買収会社の株式に交換することで対象会社を完全

子会社化して支配する「株式交換」などの手法も利用できます。

また、「株式移転」の手法を利用するのであれば、買収会社と対象会社の共同持株会社をつくるという方式が考えられます。その場合には、M&A対象の企業の株式はすべて新設の持株会社の株式と交換され、完全子会社化されます。ただしこのケースでは買収会社(買い手)に関しても同様の処置がとられ、結果的には買収会社と対象会社の全事業や、資産・負債、契約関係などのすべてが100%の株式保有を通じて持株会社の保有となります。

一方、事業そのものを買う場合には、既に述べたように、「事業譲渡」および「会社分割」が一般的に用いられます。

なお、対象会社の支配権を得ることを目的とする場合には、当該企業の株主総会において過半数の議決権を握る必要があります。また、買収会社が対象会社に関して組織再編などをはじめとした企業の基本的な部分についての事項にまで支配権を及ぼすためには、議決権の3分の2以上を確保する必要があります。

―買収した企業（事業）をどう受け入れるか―

二つ目の切り口となるのは、M&A対象として想定する企業や事業を、買収会社側がどのような形で受け入れるかという点です。考えられる二つのケースに分けてどのようなM&A手法が適当かを考えてみます。

①　対象会社や事業を吸収する場合

買収会社が、M&A対象と考える会社もしくは事業を自社内に取り込んで一体管理する場合、もっとも有効なのは対象会社や事業を買収会社の法人格へと吸収する「事業譲渡」「吸収分割」や「合併」の手法です。

このケースでは対象会社や事業が買収会社の組織と一体化することから、経営上の意思決定が迅速化し、管理部門などの間接部門をシェアできるメリットが期待できます。一般的には、統合効果を早期に出しやすい方法といわれています。ただし、統合後の管理体制・システムの統一や、企業文化のすり合わせにコストを要する可能性は否めません。

②　買収した会社（事業）を子会社化する場合

買収会社が、M＆Aの対象企業を子会社として管理しようという場合には、対象会社の取得にあたって「株式譲渡」「株式交換」などのM＆A手法が用いられます。また、対象会社の事業の一部だけを譲り受けたいケースであれば「会社分割」を用い、対象の事業のみからなる新会社を切り出したうえで（新設分割）、当該企業の株式を「株式譲渡」によって取得するという手法もよく利用されます。

子会社としての位置づけであれば、従来の経営体制や組織に大きな変更を加えず支配下に置くことが可能です。M＆A実施後に、対象の会社や事業に対してある程度の経営の自主性を残しておきたい場合や、十分に時間をかけて統合に取り組みたいケースにはM＆Aにより子会社化することが適切な方法となります。

―現金で買うか、株式で買うか―

第三の切り口は、M＆Aに必要となる対価をどうするか、という視点です。対価の選択

肢には、主に現金、または買収会社の株式という二つがあります。

M&Aに必要となる多額の対価をすべて現金でまかなうとすれば、金融機関からの新規借入に頼らざるを得ないというケースがよくあります。結果として有利子負債が膨らんで負債比率が上昇し、買収会社の借入余力が低下する場合が想定されます。あるいは買収会社の信用力が悪化してしまうなどといった負の影響がもたらされる可能性も少なからず出てきます。

この現金を対価とするM&Aには、一般的に「株式譲渡」「株式引受」「事業譲渡」「会社分割（吸収分割）」が当てはまります。

一方、買収会社の株式を対価としてM&Aを実行する場合には、買収会社の株式を発行して、これをM&A対象会社の株主に割り当てることが一般的です。その場合には、買収会社から現預金が流出することはありませんし、外部借入の増加も起こりません。つまり負債比率の悪化を免れることができます。

このように、資金面だけに着目すると買収会社の株式を対価とすることが、M&A実施では有利と思えます。しかしながら、この場合にはM&A対象会社の株主に対し、新たに買収会社の株式が割り当てられてしまうことに留意しなければなりません。M&Aの対象

会社や事業が、買収会社と比べてある程度以上の大きさを持つ場合には、新規に発行する買収会社の株式数も大量となります。その結果、M&A実施後には対象会社の株主が買収会社の大株主となっていた、ということもあり得ます。つまり、株式を対価とするM&A手法の選択を検討する際には、あらかじめ実行後の株主構成を想定する必要があるのです。

―企業の価値はどのように決まるのか？―

ここまでで説明してきたように、目的は同じ「M&A」であっても、「誰が」「何のために」「何を」「どのように」などといった諸々の条件によって、利用すべきM&Aの手法は異なったものになります。ただしその一方で、どのような手法をとるにしても変わらない点もあります。M&Aでは対象企業や事業の価値を計り、取得対価を決定しなければならないのです。M&Aといえども対象が企業や事業であるという点を除けば、一般的な物品の売買と同様に売買にあたっての「値段」を決めなければなりません（余談ですが、上場企業等で、統合を正式に発表しているが、細かな買収条件が決まっていないケースが時々見受けられます。値段も決めずにM&Aを決めてしまうという不思議な現象が起きているともいえま

す)。

では、実際のM&Aにおいては、どのような方法で対象企業の価値を算定していくのでしょうか。

事業価値、企業価値、株主価値の違い

最初から小難しい話になりますが、価値の定義から説明します。「価値」の議論をする際に、どの「価値」を示すかによって内容が全く違ってくるにもかかわらず、その定義をよく区別していないこともありますし、場合によっては、M&Aの専門家ですらその点をしっかりと認識していないようにも感じられます。そこで、本書ではまず「言葉の違い」を明確にしたいと思います。

① 事業価値：事業から創出される価値をいいます。イメージとしては、会社や事業の本業から生み出される価値と考えられます。

② 企業価値：事業価値に加えて、事業以外の非事業資産の価値も含めた企業全体の価値をいいます。非事業資産とは、余剰資金や本業に関連のない不動産などを含んだもので

図16　事業価値、企業価値、株主価値の違い

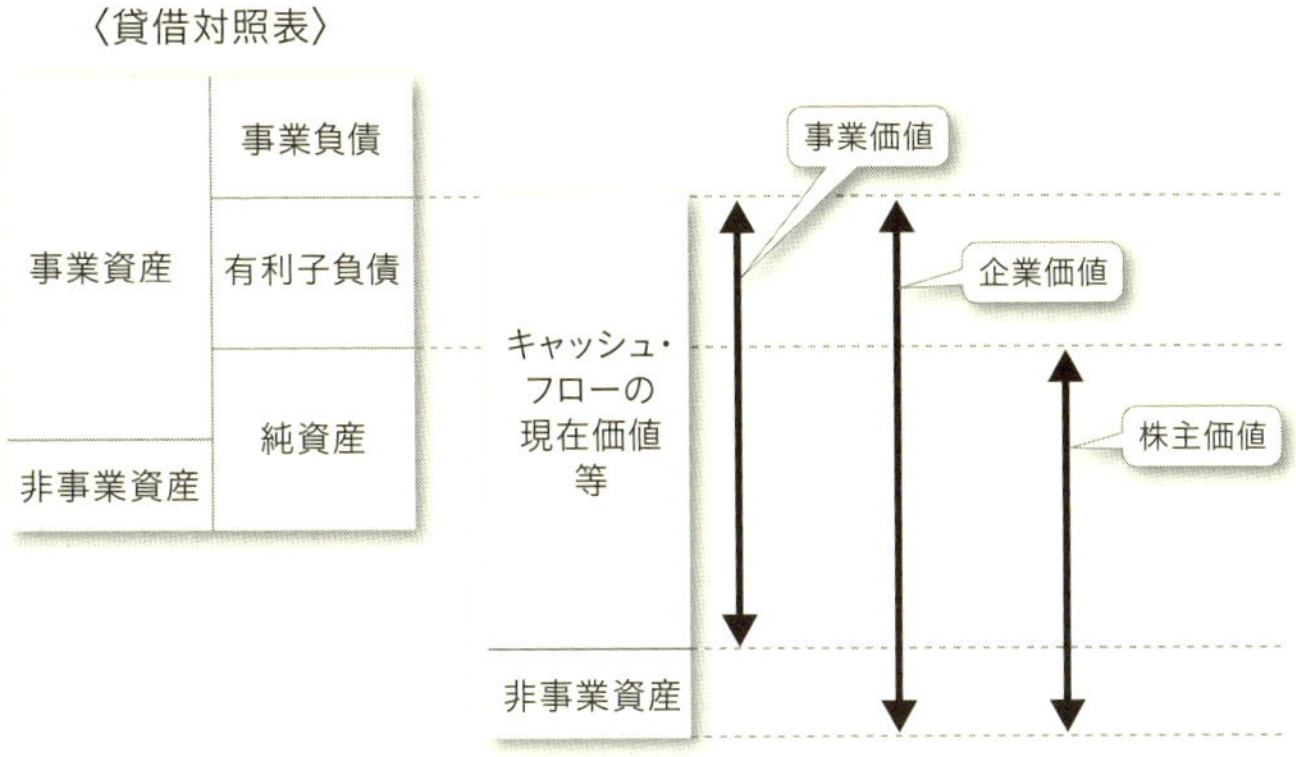

（注）非事業資産には、例えば、遊休資産、余剰資金などがある。

（出所）日本公認会計士協会編『企業価値評価ガイドライン（改訂版）』

す。英語では、Enterprise Valueといいます。

③　株主価値（株式価値ともいう）：企業価値から有利子負債等を差し引いた株主に帰属する価値をいいます。この「株主価値」のことを、「企業価値」と呼ぶ場合もありますし、企業価値と株主価値を混同して用語を使用しているケースも見受けられるので注意したいポイントです。英語では、Equity Valueといいます。

―企業価値評価のアプローチ―

企業価値評価の手法の分類の仕方はいくつかありますが、そのなかから、本書では実際のM&Aで一般的に利用されることの多い、

①　インカム・アプローチ
②　マーケット・アプローチ
③　ネットアセット・アプローチ

という3種類の企業価値評価アプローチについて説明します。

まず、①「インカム・アプローチ」についてです。これは評価対象会社から期待される利益、ないしキャッシュ・フローに基づいて価値を評価する方法です。将来収益から価値を評価するアプローチであり、イメージとしては将来の損益計算書やキャッシュ・フロー計算書から価値を類推する方法と考えられます。具体的には、「DCF法（割引〈ディスカウンテッド〉キャッシュ・フロー法）」や「配当還元法」といった手法を使います。

②「マーケット・アプローチ」は、上場している同業他社や類似取引事例など、類似する会社、事業、ないし取引事例と比較することによって相対的に価値を評価する方法です。具体的には、「市場株価平均法」や「類似会社比較法」「類似取引比較法」といった手法がこれに該当します。株式投資を行う人であれば、PER（株価収益率）やPBR（株価純資産倍率）という指標に馴染みがあるかもしれませんが、これもマーケット・アプローチの一つです。自社の財務数値に一定の倍率を掛け算して適正な価値を把握しようとするものです。

③「ネットアセット・アプローチ」は、貸借対照表の純資産に注目して価値を評価する方法をいいます。具体的には、「簿価純資産法」や「時価純資産法」などが利用されます。

図17　様々な企業価値評価のアプローチ法

分類	主な評価方法	内容
インカム・アプローチ （評価対象会社から期待される将来の利益またはキャッシュ・フローに基づいて価値を評価する方法）	ディスカウンテッド・キャッシュ・フロー法（DCF法）	評価対象会社において将来得られるフリー・キャッシュ・フローを、対象会社のリスクに応じた適切な割引率で割り引くことにより、企業価値・株主価値を算定する手法
	配当還元法	株主に対して将来支払う配当金額を対象会社のリスクに応じた適切な割引率で割り引くことにより、株主価値を算定する手法
マーケット・アプローチ （評価対象会社の市場株価、または上場している類似企業の市場株価や類似取引事例との比較に基づき価値を評価する方法）	市場株価平均法	上場会社について、一定期間の平均株価を基に株主価値を算定する方法。一般的には、1カ月、3カ月、6カ月等の一定期間の平均株価を採用することが多い
	類似会社比較法	評価対象会社と類似する上場会社を選定し、類似会社の株価、財務数値等に基づき、評価対象会社の企業価値・株主価値を算定する手法
	類似取引比較法	類似のM&A取引の取引価格と取引対象会社の財務数値等に基づき、評価対象会社の企業価値・株主価値を算定する手法
ネットアセット・アプローチ （評価対象会社の純資産を基に価値を評価する方法）	簿価純資産法	評価対象会社の会計上の純資産額により株主価値を算定する方法
	時価純資産法	評価対象会社の資産負債を時価で評価し直して計算された純資産額により株主価値を計算する方法

図18　3つの評価アプローチの一般的な特徴

項目	インカム	マーケット	ネットアセット
客観性	△	◎	◎
市場での取引環境の反映	○	◎	△
将来の収益獲得能力の反映	◎	○	△
固有の性質の反映	◎	△	○

◎：優れている　○：やや優れている　△：問題となるケースもある

（出所）日本公認会計士協会編『企業価値評価ガイドライン（改訂版）』

これらの3つのアプローチは、不動産鑑定評価においても同じような手法がとられていると考えると理解しやすいかもしれません。不動産鑑定評価においても、その物件が将来生み出すであろうと期待する価値（平たくいえば将来の賃料等）を「収益還元法」で求めることもあれば、近隣の取引事例を基に評価する「取引事例比較法」が用いられることもあります。また、対象不動産の再調達原価（土地を買って建物を建てた価値）を求めるという「原価法」も用いられます。つまり、①「インカム・アプローチ」的な手法が「収益還元法」、②「マーケット・アプローチ」的な手法が「取引事例比較法」、③「ネットアセット・アプローチ」的な手法が「原価法」

ということになります。

ここからは①～③のアプローチについて個別に説明を加えます。

―インカム・アプローチ―

評価にあたって収益価値を基準とするアプローチで、キャッシュ・フローや利益、配当など、将来的に獲得されるリターンを現在価値に割り引いて評価するアプローチがインカム・アプローチです。

その方法はM&Aの対象会社や事業から期待される将来キャッシュ・フローや将来の利益に基づいて、その価値を評価しようとするものです。

このアプローチには、「配当還元法」や「調整現在価値法（APV法）」「残余利益法」など、いくつかの手法がありますが、ここでは、ディスカウンテッド・キャッシュ・フロー法（DCF法）を、実務上もっともよく利用される手法の代表として取り上げます。

その他の手法は、実務ではあまり用いられていませんし、M&Aの専門家の間でもDCF法以外の手法について理解している人は、それほど多くありません（金融機関の評価など、

一部の業界においては、DCF法以外の手法が用いられることもありますが、一般企業の評価においてはDCF法のみ理解しておけば十分です)。

その名称からも分かる通り、DCF法は、対象事業の各期に予想される将来のフリー・キャッシュ・フローを割引率で割り引いて(ディスカウントして)求めた現在価値の合計を、事業価値とする評価手法です。フリー・キャッシュ・フローの予測や、割引率の推計というプロセスにおいて、評価対象企業の将来的な収益獲得能力や、その企業に固有の性質を反映させることができるという点で優れた手法であるといわれています。

このDCF法の重要なポイントは「フリー・キャッシュ・フローを割り引く」ことです。そこでDCF法の理解を深めるために、フリー・キャッシュ・フローと割引率について、それぞれ説明を加えます。

第一の要素であるフリー・キャッシュ・フローは、将来の各事業年度において営業活動から得られるキャッシュ・フローから、設備投資などの投資活動による支出(投資キャッシュ・フロー)を差し引いて計算されます。

借入金による調達・返済や増資・配当など、企業の財務活動に関するキャッシュ・フローはそこに含まれないため、財務活動とは切り離された事業活動のみに由来するキャッ

シュ・フローであるといえます。また、理論的には、将来のフリー・キャッシュ・フローは、偏りのない見積もりでなければなりません。ただし、現実には、対象会社から提出された事業計画や、買い手候補が収集した限られた情報をもとに将来のフリー・キャッシュ・フローを予測することが多く、本来的に偏りのないという客観的な証拠はつかみにくいという限界もあります。

第二の要素である割引率は、フリー・キャッシュ・フローを割り引くための割合のことです。

例えば割引率を8％とした場合、1期目の期末のフリー・キャッシュ・フローは、1・08で割ればよく、2期目のフリー・キャッシュ・フローは1・08×1・08で割ればよいことになります。同様にn期目のフリー・キャッシュ・フローは、1・08×1・08×1・08……と、1・08をn回かけた数値（1・08×n乗）で割ればよいことになります。通常フリー・キャッシュ・フローはかなり長期間の将来まで（場合によっては無限の将来まで）見積もることが多く、この割引率の置き方によって、企業価値評価は大きくぶれる可能性が高くなります。その点を考慮して、割引率の設定にあたっては十分慎重になることが求められます。

具体的な割引率の理論的計算方法についての詳細は割愛しますが、ここでは大枠として以下のように理解してください（ＣＡＰＭ〈キャップエム〉と呼ばれる手法の概要になります）。

評価対象の企業やその類似企業の株価変動と、株式市場全体の価格変動の相関度合い（「ベータ」と呼ばれます）によって、対象事業が株式市場から必要とされる割引率（期待収益率）を計算します。株式市場全体（例えばＴＯＰＩＸ）の動きを増幅したような株価の動きを示す事業（ＩＴ産業など業績の増減が大きいと考えられるベータの高い事業）については高い割引率が計算され、一方でベータが低いと考えられる事業については（景気に関係なく一定の需要のある食品業界など）低い割引率が設定されます。また、評価対象事業の長期的に最適と考えられる資本構成（時価の自己資本と有利子負債の構成）によってもこの割引率は変化します。

考え方としては、この数値はその会社や事業に投資する場合に投資家が要求する利回りと理解すれば十分です。例えば、日本の国債のように安全性の高い資産に投資する場合には、利回りは低くても十分だと考えられますが（本当に安全かどうかの議論はここではしません）、将来どうなるか分からないような新興ベンチャー企業に投資する場合には国債と

同じ利回りでは不足だと考える投資家がほとんどであり、より高い利回りを求めるのが当然でしょう。それと同様に、将来の利益やキャッシュ・フローが安定している企業と不確実性が高い企業とでは、使われる割引率も異なってくるのです。

このフリー・キャッシュ・フローと割引率以外で、DCF法について注意すべきポイントはあと二つあります。それが非事業資産と有利子負債の取り扱いです。

フリー・キャッシュ・フローの割引現在価値は、対象企業が将来期間において営む事業の価値（事業価値）です。このため、対象企業の株式価値を計算する場合には、事業価値に、遊休資産などの非事業資産の評価額をプラスし、さらに余剰現金を控除した後の有利子負債の金額（純有利子負債やネットデットといいます）をマイナスする必要が出てくるのです。

―マーケット・アプローチ―

マーケット・アプローチの具体的な手法としては、同業の上場企業や類似取引事例と比較することでM&A対象企業の価値を評価する、類似会社比較法や類似取引比較法などが

知られています。マーケット・アプローチのなかでも、もっともシンプルなものは市場株価平均法でしょう。

これはM&A対象の企業が上場しており、株価推移が観察できる場合には、一定期間（直近1カ月、3カ月、6カ月など）の株価の平均水準を計算し、これを1株あたりの評価額とするものです。不特定多数の市場参加者が日常的に取引した結果の価格であることは間違いありませんから、客観性に優れている手法である点で十分評価に足るものといえます。ただし、非上場会社のように客観的な株価が不明という企業に関しては適用できないというデメリットがあります。

もちろん、M&A対象企業が非上場会社であって株価が観察できない場合でも利用できる手法もあります。例えば、先に名称を挙げた類似会社比較法がそれにあたります。この方法では、市場から観察される企業価値や株主価値とそれらに関連する財務指標の倍率（マルチプル）を用いて価値を計算します。

実際の計算にあたっては、類似上場企業のマルチプルの平均的な水準を算出し、この水準に対象企業の財務指標を乗じることで企業価値、もしくは株主価値を計算します。

マルチプルには多くの種類がありますが、ここでは実務上よく利用されるものとして、

EV/EBITDA倍率、PER、PBRを紹介しておきます。

①　EV/EBITDA倍率

M&Aの現場でもっともよく利用されるマルチプルです。EV（企業価値）をEBITDA（償却前営業利益）で割って計算されます。EVとはEnterprise Value（企業価値）を意味し、純有利子負債の価値と株式時価総額の合計として得られます。EBITDA（イービットダー、あるいはイービットディーエーと読みます）は、正確には償却前税引前利息控除前利益のことで、おおよその値は営業利益に減価償却費を足して計算されます（支払利息以外の営業外損益を加味する場合は、経常利益に支払利息と減価償却費を足して計算することもあります）。これは減価償却費計上前の利益水準であるため、類似企業各社の減価償却費の会計方針の違いに左右されることなく、当該企業の価値を比較できるという特徴があります。

また、支払利息控除前の利益水準にもあたることから、類似企業間の負債比率の違いによらず、（負債控除前の）企業価値を比較するのに使い勝手のよいマルチプルともいえます。

なお、DCF法と同様、対象企業の株主価値を計算するには、企業価値から純有利子負

債をマイナスする必要があることに留意しなければなりません。

② ＰＥＲ

ＰＥＲとは、株価収益率（Price Earnings Ratio）の略語であり、株価を１株あたり純利益（ＥＰＳ：Earnings Per Share）で割って計算されます。類似上場企業のＰＥＲの平均的な水準を計算し、これに対象会社の（予測）利益を乗じれば、対象会社の株主価値を見積もることができます。ただし、赤字企業の評価には利用できないのが難点です。特別損益項目の影響が大きい場合には、経常利益に（１－税率）を乗じたものを疑似的な純利益（修正純利益と呼ぶことがあります）として利用する場合もあります。

③ ＰＢＲ

ＰＢＲは、株価純資産倍率（Price Book-value Ratio）の略語で、株価を１株あたり純資産（ＢＰＳ：Book-value Per Share）で割って計算されます。このＰＢＲの平均水準に、Ｍ＆Ａ対象企業の純資産を乗じることで株主価値が推計できます。

純資産が企業の資産・負債の時価を適切に反映している場合には、ＰＢＲは企業の「の

れん」の水準を示すマルチプルといえます。つまりPBR1・0倍を超える部分は、資産・負債の時価としては説明できない企業が持つ超過収益力（のれん）と考えられるというわけです。

新聞などでは、PBRが1倍を割っている場合には、「解散価値よりも株価が安い」という言われ方をしますが、それは純資産の価値よりも株価のほうが安くなっているというのが理由です。ただし、実際に会社が解散してしまった場合には、必ずしも資産は評価通りには売れませんので、現実には解散価値は純資産よりさらに評価が下がると考えられます。つまり現状の解散価値という表現はかなり粗っぽい言い方で、正しい表現ではありません。あくまでも、新聞紙上での表現の仕方だという程度に理解しておけばいいでしょう（もちろん、PBRが1倍を下回ること自体は決して褒められたことではありません）。

PBRによる計算手法は、金融機関などアセットビジネスを営む会社などの評価に適しています。しかしながら、M&A対象会社や類似企業が多額の含み損益を資産・負債に抱えている場合には、純資産の帳簿価額はその時価から大きく乖離するため、計算されるPBRや評価額があまり意味を持たなくなってしまうことには留意が必要です。

税法上の「類似業種比準価額方式」

これまでに説明してきた他にも、留意すべき手法があります。それが「類似業種比準価額方式」です。

非上場株式の評価方法の一つとして、オーナー経営者などにはその内容について聞いたことがある方もいるのではないでしょうか。この方式は、相続税または贈与税を計算する際に用いられる評価方法であり、財産評価基本通達において定められているものです。具体的には評価対象会社の株式評価額を、国税庁が業種ごとに公表している上場会社の平均株価に比準させて計算する評価方法で、比準要素としては、配当金額、利益金額および純資産価額の3要素を用います。

税法において重視されるのは、理論的に適正な価値かどうかという点以上に、誰が計算しても同様の結果になるという客観性・公平性です。そこで類似業種比準価額方式では、適正な価値を算出することよりも算式を明示した評価手法が重視され用いられます。

ときおり、類似業種比準価額方式による計算結果を、「株価」や「自社株の評価額」と表現することを目にすることがあります。ただし、これはあくまでも相続税または贈与税

の計算に用いられる評価額であり、M&Aなどの場面において算定される適正な企業価値・株主価値とは似て非なるものであることに注意が必要です。

ネットアセット・アプローチ

ネットアセット・アプローチは、M&Aの対象となる企業や事業の純資産価値を基準として価値を評価するという方法です（「ネットアセット」とは純資産のことをいいます）。そのベースにあるのは、例えば評価対象とする資産を再構築すると仮定した場合にどれほどのコストが必要かという観点、またはその資産を処分したらいくらで売却できるかという観点です。つまりネットアセット・アプローチでは、企業や事業の資産価値をある一定時点で評価することで、企業価値・株主価値を算定します。

このアプローチの代表的なものは「時価純資産法」です。具体的には、時価資産の合計から負債である買掛金や支払手形などを控除し、さらに有利子負債を差し引いて計算できます。直感的にはもっとも理解しやすい価値評価の方法といえるでしょう。

ただし、実際の個々の計算にあたっては細かい準備が必要になります。まず売掛債権に

ついては回収不能部分を控除、棚卸資産からは不良品などの価格下落部分を控除、不動産は公示価格、固定資産税評価額、路線価、不動産鑑定評価額などを参考に評価します。上場株式は評価基準日の終値など、非上場株式は対象会社の貸借対照表等を使って評価した後の純資産の持分比率から算定します。また、これらの資産評価額から差し引く有利子負債には、借入金、社債、割引手形、リース債務などがあります。

もう一つのネットアセット・アプローチが「簿価純資産法」です。こちらは時価純資産法と比べてはるかに簡易的で手間のかからないものですが、正しいM＆Aの価値判定とは考えにくいものとなってしまうので、簡便的な方法という位置づけといえます。

具体的には、自己資本が企業の価値であると想定したうえで、発行済株式数で割ることによって1株あたりの株主価値を算出することになります。ただし、すでにお分かりのように、簿価が正しい資産の価値を表しているとは限らないので、その正当性は疑問視されてしまいます。

ネットアセット・アプローチの問題点は、その価値がある時点の資産や負債の価値だけを評価したものでしかなく、将来獲得される利益やキャッシュ・フローが評価に加味されないことにあります。通常の企業は継続企業で、将来的に利益やキャッシュを生み出すこ

とが期待されるわけですから、ある意味で企業の存続を前提としていないようなネットアセット・アプローチはM&Aの交渉上、特に売り手側の理解を得にくい場合が出てきます。

そこでネットアセット・アプローチは、企業や事業を清算しなければならないような場合やオーナー経営者の相続場面などで使われることが多くなります。キャッシュ・フローに関する将来予測などを排除した客観的な資産評価の参考にされる場合がありますが、M&Aによって対象会社や事業を継続し、成長させていくことが目的である場合にはなじみにくい手法といえるかもしれません。

もちろんその一方で利点もあります。客観的な価値として把握しやすいことから、まだまだ一定の参考値として利用される場面も多く見られるのです。また、客観性が高いので、裁判などに際しては（最近は多少潮流も変化していますが）重要視される手法でもあります。

―時価純資産価値＋のれん（営業権）による評価―

これまで、主に3つのアプローチによる評価手法の解説を加えてきましたが、実務では

その他の手法が用いられる場合があります。その一つが、時価純資産価値にのれん（営業権）の価値を加える方法です。この方法には特に正式な名称がついているわけではありません。

時価純資産価値は、先に取り上げた時価純資産法による評価額が用いられます。のれん（営業権）の評価には、利益の2～5年分程度が利用されることが多いようです。利益にも様々なものがありますが、実際の評価現場では営業利益、経常利益、税引後利益などの決まったものはなく、評価を行う会社によって、あるいは業種・業界によってまちまちとなっているようです。例えば、利益に関しては、非上場のオーナー会社などの場合、過大な役員報酬を計上しているなど、正常な利益といえないようなケースでは補正を加え、正常収益力によって評価することになります。

そもそもこの評価方法に関しては、特段の理論的な根拠がある方法ではないように思われます。この方法は、M&Aの仲介会社において用いられることが多いようです（仲介会社の問題については後述します）。

仲介会社は、M&Aの買い手と売り手の双方に対して助言をすることが求められますが、その助言のなかには、適正な価値評価額も含まれるのが一般的です。買い手に有利な

条件を示せば売り手から反発を受けますし、その逆もまた然りです。その結果、評価を行う際にはどちらからも異議の出にくい客観的な方法を使って計算する必要が出てきます。そのような背景から考え出され、便利であるからという理由で仲介会社における実務として定着しているのが、時価純資産価値にのれん（数年分の利益）を加える方法なのだと考えられます。この手法であれば、どの利益を用いるか、何年分の利益を使うかということさえ決めれば、ある程度客観的に価値をはじくことができます。売り手にも買い手にも価値を示さなければいけない仲介者としては都合がいい手法なのです。

理論的な根拠はないといいましたが、この手法を用いるにあたっての論拠とはどのようなものなのでしょうか。時価純資産価値で示される従来まで（過去）の会社の価値に、これから（将来）の会社の価値（＝のれん）を上乗せすることで、現在価値に将来価値を考慮して評価できるはずであるといった程度の論拠から生まれたものであると考えられます。

ただし、いくら理論的な根拠が乏しいとはいっても、この手法には別の利点がありま す。例えば、DCF法ではわずかでも条件を変えれば大きく価値が動いてしまいます。つまり、それだけでは売り手と買い手で合意する価値を見出すのは難しい場合が出てきま

す。また、時価純資産法には、会社の将来の収益力が全く反映されていないという点から、売り手の了解を得にくい場合があります。類似会社比較法は、そもそも類似会社そのものがない場合には算定そのものが成り立ちません。しかしながらM＆Aの交渉を行っているうえでは、どこかで価格を合意するという「落としどころ」を見つけないといけません。その「落としどころ」を提出するための一つの材料として、純資産＋数年分の利益という考え方は、利用しやすいものであると考えられるのです。

この手法に何らかの理論的な意味を見つけようとすれば、のれんの償却期間という考え方をあてはめることが考えられます。現在の日本の会計基準では、のれんの償却期間は20年以内となっており、税法上は5年となっています。この「のれん」は、純資産額を超える超過利潤と定義されますので、その一部（つまり数年分の利益）は売り手に還元し、それを超える価値は買い手に還元するという考え方によって、毎期の利益額以下にのれんの償却額がおさまるように数年分の利益を純資産額に上乗せするという考えが出てきたのかもしれません。

―企業価値の評価は最終的な価格交渉のための目安―

企業価値を客観的に評価するための手法について、その概論を説明してきましたが、現実的にはそのなかのどの方法がより正しく有効であり、別のものが劣っているという判断を下すことは不可能です。

それは、そもそも企業や事業の価値評価が、ある時点で絶対的に正しい数値として表せるようなものではないことが最大の理由です。例えば、M&Aの最終段階での対象の価格評価は、基本的に売り手側と買収候補者との交渉によって決まり、結果的にその評価は先に説明した3種類の評価手法によって算出されたどの値とも異なったものになるということがほとんどです。専門家の間でも「企業価値評価（バリュエーション）はアート（芸術）だ」といわれることもあるくらいですから、価値評価は算定手法や算定人のさじ加減次第といったもので、結果はそのたびに異なってくるものなのです。

また、価格決定の手法としてオークション方式を導入すれば、人気のある業種の案件や、魅力的な技術や商圏などを持っている会社であれば、複数の買収候補が互いに価格を競い合う状況が発生し、結果的に売り手側の価格交渉力を高めることができます。すなわ

ちこれは、売り手側にとっては有利に交渉を進められ、価格評価が吊り上がる可能性が高くなります。また、価値評価は経済環境によっても左右される部分も多く、買い手が資金調達をしやすい環境であれば、価格が上昇する可能性が高まります。

もちろん交渉によってM&A対象会社の価格評価が決まるといっても、売り手・買い手双方がそれぞれの価格感を持っていなければ、交渉は進展しません。具体的には、オークションであれば入札価格を、相対交渉ならば両者が合意できる価格帯についての見通しを持つ必要があるのです。

その点を理解したうえで、具体的な価格交渉の場ではそれまで開示された情報や与えられた前提条件の下で、買い手としてならどの価格までであれば提示できるのか、売り手としてならどの価格以上でなければ受け入れられないかというそれぞれの判断を下さなければなりません。そのための一定の根拠を得る目的のために活用されるのが、インカム・アプローチ、マーケット・アプローチ、ネットアセット・アプローチを代表とした各種の評価手法であり、そのためにこそ企業価値評価を実施する意味があるといえるのです。

買い手にとっては、ある意味ではM&Aは設備投資と何ら変わるものではありません。設備投資を検討する際には、投資額がいくらでそこからどれだけのリターンが得られるの

かによって投資の判断を決定するはずです。M&Aは、投資対象がたまたま企業（株式）であったり事業であったりするだけで、考え方は設備投資と少しも変わりません。つまり、どんなに素晴らしい投資案件で大きな利益が見込めても、投資額（買収額）が高すぎればその案件は失敗となります。適正な企業価値の把握が重要なのは、まさにそのためです。M&Aの失敗の要因は様々ありますが、一番多いものは、「高値づかみ」に他なりません。それほどに、適正価値の把握は難しいものといえます。

第4章

成功するM&Aは企業価値を高める戦略で決まる

―会社を売るという選択肢が広がる理由―

M&Aは、既存企業や事業が売買されることで経営主体が交代する、という点ではすべて同様です。ただし、これまでに言及した「事業承継」が目的となるケースは多少事情が異なります。本書では、すでに各所でM&Aによる事業承継について述べましたが、ここで再度その概略をまとめたいと思います。

どのような企業であれ、経営者の交代のない会社はありません。ただし、中堅・中小企業に多い、オーナー経営者が長期間経営トップとなっているケースでは、経営者の交代は決して容易なことではありません。ほとんどの企業で、所有と経営とが経営者一人に集中していることがその理由です。しかも戦後に設立された多数の中堅・中小企業は、まさに世代交代期を迎えつつあります。

しかしながら、それらのオーナー企業が会社存続のためにとれる選択肢は決して多くありません。

具体的には、

① オーナーの親族
② 企業内の幹部
③ 外部からの経営者
④ M&Aによる事業承継

が、事業の後継者と考えられます。そして、すでに第1章で指摘したように、このなかの①から③までの選択は、決して容易なものではないのです。

その他に考え得るのは、IPOか清算・廃業ですが、現実的にIPOを考えられる会社はほとんどありません。結果として、もし事業承継が成功しなければ、清算・廃業を避けられないという可能性が大きくなってしまいます。

オーナーとして育ててきた企業が廃業せざるを得ないのは、経営者にとっては非常に辛い現実です。さらに事業が継続できないことで、従業員や取引先、その他関係者に対しても多大な迷惑がかかります。しかも、たとえ経営内容のよい企業であっても、清算すれば、オーナーの手元に残る財産はM&Aで得られるものよりも大きく目減りしてしまうのが一般的です。

では、事業承継の4番目の選択肢であるM&Aを選び、それに成功した場合、オーナー経営者とその企業はどうなるのでしょうか。

所有権と経営権の譲渡に伴い、旧オーナーは売却資金を得て完全に企業から離れることになるのが普通です。しかし、中堅・中小企業の場合はオーナー経営者の人脈などが事業と密接にかかわっているケースも多く、そのような場合にはM&A成立後も旧オーナーが一定期間は会社に残り、業務引き継ぎや新経営陣と関係各社を橋渡しする役割を担うことも少なくありません。

また、オーナー企業などでは、金融機関からの債務などをオーナーが連帯保証している場合が一般的です。そこでM&Aの条件の一つとして連帯保証の解除を必須とすべきです。それにより、M&Aによって経営権が移行した時点で、連帯保証はすべて解除され、新たな経営主体に移行する手続きが行われることになります。

一方、従業員の処遇についても、M&A交渉の過程で決まる内容ですが、多くの場合では従来までの処遇がそのまま引き継がれるので、従業員間に不安や不満が広がることはあまりありません。ただし、M&Aの対象となった企業や事業の業績が悪く、抜本的な立て直しなどが必要なケースではなかなかそういうわけにもいきません。処遇や就業環境が見

直されたり、最悪の場合には解雇が実施されたりする例があることも事実です。

業績が好調な時期こそ売りどき

M&Aは基本的にウィン・ウィンの結果を生むための手段と考えることができます。つまり、売り手側と買い手側の双方がM&Aの結果に十分満足できることが、本来の到達目標となるのです。そして、そのために重要となってくるポイントが、M&Aを実施するタイミングです。

簡単に考えれば、M&Aでの買い手側となる企業は成長業界に属する経営の順調な会社や資金力のある会社であり、一方で、業績の思わしくない会社が売却候補として登場してくるものとイメージしがちです。もちろん、そのようなM&Aも多くありますが、実はウィン・ウィンの関係を考えると、それだけでは買い手側・売り手側のどちらにとっても不十分といわざるを得ません。買い手側にとっては業績のよくない企業は魅力に欠けますし、売り手側がM&Aによって得られる利益も、決して大きくはならないからです。

では、どのような企業間のM&Aであれば、取引する双方がともに満足する可能性が高

まるのでしょうか。その答えは、業績が好調で事業に大きな将来性と伸びが期待できる企業が売却対象となる場合です。

業績と将来性に期待が持てる企業がM&A対象となれば、買収候補会社の評価は上がり、結果的にM&Aの金額は高くなる可能性が高まります。これは買い手側の業績への貢献度が、それだけ大きなものになることが予想されることになるからです。最終的には、そのM&Aは効率のいい安い買い物だったということになるでしょう。

一方の売り手側にとっても、こちらの場合の方がより大きなメリットを得られます。

M&A対象の評価は通常、実際の評価額にプレミアムを加えたものとなりますが、現在の好業績は将来性の期待値の大きさにつながりますから、このプレミアム部分が増加します。その結果、総合的な評価が高まれば、当然、M&A成立による事業承継によってオーナーが受け取る対価もそれだけ大きなものになるからです。

特に、業績（キャッシュ・フロー）が安定していて、業績のブレが少ないような会社であれば、投資ファンドが好むような投資対象となると考えられ、売却手続きをうまく進めれば、より大きな対価を手にすることができると考えられます。

このような関係を「正の循環」とすれば、一方で全く逆のパターンに陥る可能性の高い

のが、業績悪化がM&A選択の理由となるケースです。

業績の低下傾向が続いている企業に対して、あえて高い評価をつける買収候補はあまりいません。買収金額の多寡は、M&A実施後の当該企業の成長率に影響されますから、なんらかのマイナスポイントがあれば、当然、実際以上に評価を下げて買収額を低く抑えようという意図が働いてしまうからです。場合によっては「評価額+プレミアム」のプレミアム部分がマイナス（つまりディスカウント）となり、総合評価が実際の純資産額以下となってしまうことさえあり得るでしょう。さらに、そのようなケースではM&Aが成立するだけでもまだましというべきかもしれません。M&Aを志向したものの、誰も買い手がつかずに廃業せざるを得ないという最悪の事態も想定されるからです。

業績低下がM&Aを志向する大きな理由であることは、結局、オーナーの受け取るM&Aの対価の低下や、M&Aそのものの失敗にまで直結してしまうことにさえなりかねません。

相反するこれら二つの例からも、M&Aを有利に実施するためには、その対象となる企業や事業が好調であるタイミングを逃してはいけないということが分かるはずです。

―― M&Aプロジェクトの進行スケジュール ――

では、実際のM&Aはどのように進むのでしょうか。

個々の事例ごとにその進行スケジュールは多少異なりますが、例えば中堅・中小企業のM&Aであれば、最初は「事業承継を考えているが、M&Aは可能だろうか」といったオーナーによる情報収集などからスタートするケースがほとんどです。その段階を経て、現実的な相談になりプロジェクトとしてスタートすると、そこからM&A成立までにかかる時間は、最短で3カ月程度――通常では6カ月から1年ほどというのが、おおよその目安になってきます。

ここではM&A成立までの流れをよりよく理解できるように、中堅・中小企業のオーナー経営者が、自社を売却するにあたってアドバイザーなどの専門家にサポートを依頼するという場合を想定して、一般的にM&Aがどのように進むかを見てみましょう。

○オーナーから専門家への相談が最初のきっかけとなります。

ただし、初回の相談で、M&Aでの事業承継がスタートすることはほとんどありませ

ん。複数回の面談を通じて、初めてオーナーのなかにM&Aへの気持ちが固まるのが一般的です。その段階で最初は簡単に企業内容などを把握するとともに、ポイントとなるのが、実際にM&Aを行うと決まってからクロージングまでのロードマップの説明です。これはM&Aプロジェクトのスタートから完了までの具体的な進み方が理解できることで、オーナーの気持ちが本当に固まることが多くなるからです。

対象となる企業の理解のために、この時点で3期分程度の決算書をご用意いただくと、さらに具体的な情報提供が可能となります。アドバイザーとの秘密保持契約も当初の段階で結んでおくべきでしょう。

○実際のプロジェクトのスタートが決まった時点で、業務委託契約が結ばれます。また、同じタイミングで対象企業についての各種情報に関する書類等をアドバイザーに提出することになります。

その内容は、様々ですが、

① 登記簿謄本や株主名簿などの会社概要
② 決算書や税務申告書などの財務関係書類

③ 契約関係の各種書類
④ 営業関係、製品関係などの事業関連書類
⑤ 組織図や諸規則などの人事関係書類
⑥ 決算の着地見込みや事業計画などの将来情報
⑦ その他、経営にかかわる重要案件情報

などが代表的なものといえます。

○評価算定と企業概要資料の作成

ケース・バイ・ケースではありますが、M&A実施の基礎となる対象企業の簡易的な評価算定作業を事前に行う場合があります。

ただし、これは買い手候補との条件交渉にあたっての売り手側の目安とするためのもので、最終的な企業評価とは異なることがほとんどです。

また、財務情報や事業の内容などをまとめた企業概要資料もこの時点で作成します。

○ターゲット企業の選定

M&Aの相手となり得る対象、つまり買い手候補の選定です。同業他社をはじめ、隣接業界などに加え、投資ファンドまでを含む広範囲から、最初の買い手候補となる企業を選び出します。その後、オーナーとの打ち合わせを通じて、情報を流すことに支障のある企業や、M&Aの相手先として好ましくない企業などを排除し、残りの候補者に関しての打診順位を設定します。最初の広範囲の候補先リストをロングリスト（Long List）、絞り込んだ後の候補先リストをショートリスト（Short List）と呼ぶことがあります。

○ターゲット企業への打診

M&Aの打診は多くの場合1社に限定せず、複数に対して同時期に実施するケースが多くあります。また、最初の打診時には売り手側の企業名が特定できないように注意して説明を行います。特に同業他社への打診に関しては、秘密保持のポイントを特別に重視することに留意すべきです。これは業界内にうわさや憶測が広がり、ひいては風評被害などにつながる可能性もあるからです。

打診先が情報に興味を持つようであれば、秘密保持契約を締結したうえで企業概要書を

開示し、具体的な検討へと進みます。

○買い手候補との交渉開始と各種調査（初期的検討段階）

事前の検討が終了し、売り手側・買い手側がM＆Aに向けた交渉がスタートできる段階に到達した時点で、両者面談へと進みます。双方がアドバイザーを起用する場合には、アドバイザー同士での面談を行う場合もあります。

相互に行われる自社紹介に加え、アドバイザー等が用意した企業概要書などの必要情報をベースに、質疑応答が行われます。実際の話し合いを通じ、M＆A成立後の対象企業の将来性や、どのようなシナジー効果が見込まれるかなどについての概要が固まっていくタイミングです。同時に買い手側は、提出された各種情報の精度を確認するための調査などを実施することもあります。場合によっては、後述の基本合意書や意向表明書の手順を飛ばして、デューデリジェンスに進む場合もあります。

○基本合意書の締結

初期的な検討段階を踏まえ、さらに交渉を深めていくかどうかを判断していく必要が出

てくる段階です。それに際し、基本合意書が締結される場合があります。

ただし基本合意書といっても、それには法的拘束力がないのが一般的です。それにもかかわらず、基本合意書を締結する目的は、その時点で双方が合意できる点を書面上で明らかにすることがあります。そこに記載されるのは、例えば、譲渡対象資産・負債の範囲であったり、役員・従業員の処遇であったり、最終合意までのスケジュール、デューデリジェンスへの協力など、その時点で合意できる様々な内容です。

売却金額についてもこの時点で話し合われ、基本合意書に記載されることもあります。その時点で双方が認識している金額が記載され、正式なM&Aの決定額はデューデリジェンス実施後に決められることになります。

M&A交渉が相対取引である場合は、基本合意書の締結によって買収候補が1社に絞られることが一般的です。その場合には、一定期間の独占交渉に関する条項が基本合意書に記載されます。

基本合意書そのものには法的拘束力がない場合がほとんどであることから、どれほどの意味があるのかという考え方もあります。ただし、買い手候補の本気度を推し量ることもできますし、双方の現時点での考え方のすり合わせもできますので、基本合意書を結ぶこ

とには一定の意味があると考えられます。なかには、デューデリジェンス実施後に特段の合理的な事情がないのにもかかわらず、買い手候補が案件を放棄するような場合に備えた違約金条項を定めるケースもありますが、実務上は稀といえます。

○意向表明書

M&Aに関する書籍の多くでは、プロセスの過程で基本合意書を締結することが必須であるように思わせる内容が見られます。しかし、実際には、基本合意書の締結は必須ではなく、省略されるケースも頻繁に起こります。M&A成立の必要条件は最終合意書（最終契約書）の締結であり、基本合意書の締結は「必要であれば行う」程度のものになります。基本合意書を締結する意味が乏しい場合には、基本合意書の締結交渉という無駄な労力を避けるため、直ちにデューデリジェンスを開始してしまう場合も少なくありません。

ただし、基本合意書の締結は省略するものの、デューデリジェンス開始前に、その時点での買い手側の意向を確認しておきたいという意図から、「意向表明書」の提出を買い手側に求めるケースもあります。この意向表明書には、金額、取引の目的、役員・従業員の処遇など、売り手側のリクエストに応じた内容が記載されます。ただしこちらも、この時

点では基本的には法的拘束力はないものになります。

○デューデリジェンスの実施

デューデリジェンス（Due Diligence）とは、M&A対象企業や事業に対する財務面、税務面、法務面などの調査をいいます。

財務・税務や法務面だけでなく、ビジネス、人事、環境、ITなど様々な分野について実施される場合もありますが、中堅・中小企業では、財務・税務面と法務面が中心となるのが一般的です。「買収監査」や「資産査定」というような呼ばれ方をする場合もありますが、通常の会計監査とは目的も内容も異なることに留意が必要です。

デューデリジェンスでは、売り手側の開示資料に誤りがないか、不明点はないか、企業価値に影響する項目はないか、買収後に生じそうなリスクにはどのようなものがあるか、などが買い手の視点から調査されます。この時点で重大な発見事項があれば案件がストップすることもありますし、ストップとまではいかなくとも、基本合意書で確認された金額などの条件が引き下げられるケースも出てきます。デューデリジェンスの結果を待って、M&Aの最終条件が確定するのが通常であり、最終契約締結の準備が整います。

○最終契約書の締結

デューデリジェンスの内容を踏まえ、最終的な契約交渉を経た後に、契約調印が行われます。最終契約書では、価格条件に加えて、売り手側・買い手側の双方が守るべき義務や損害賠償条項など、様々な取り決めがなされます。

もっとも最終契約書締結によって、M＆Aのすべてが完了（クロージング）するのではなく、クロージングのための前提条件が最終契約書で規定されます。例えば、独占禁止法が問題になりそうな案件であれば当局の認可が前提条件となるでしょうし、他の株主が多くいるような場合であれば、株主総会の決議が前提条件となる場合もあります。また場合によっては、主要取引先の合意が重要となるようなケースもあります。最終契約締結だけでM＆Aが成立したと簡単には安心できない点に注意すべきでしょう。

○クロージング

株式譲渡の取引であれば、株式の譲渡と資金の振り込みが完了すればM＆Aが完了します。また、その他の手法でも、最終契約の条件が満たされ、M＆A対価の支払いが終われば、M＆A取引のすべてが完了します。

図19　M&A進行のフローチャート（相対取引の場合）

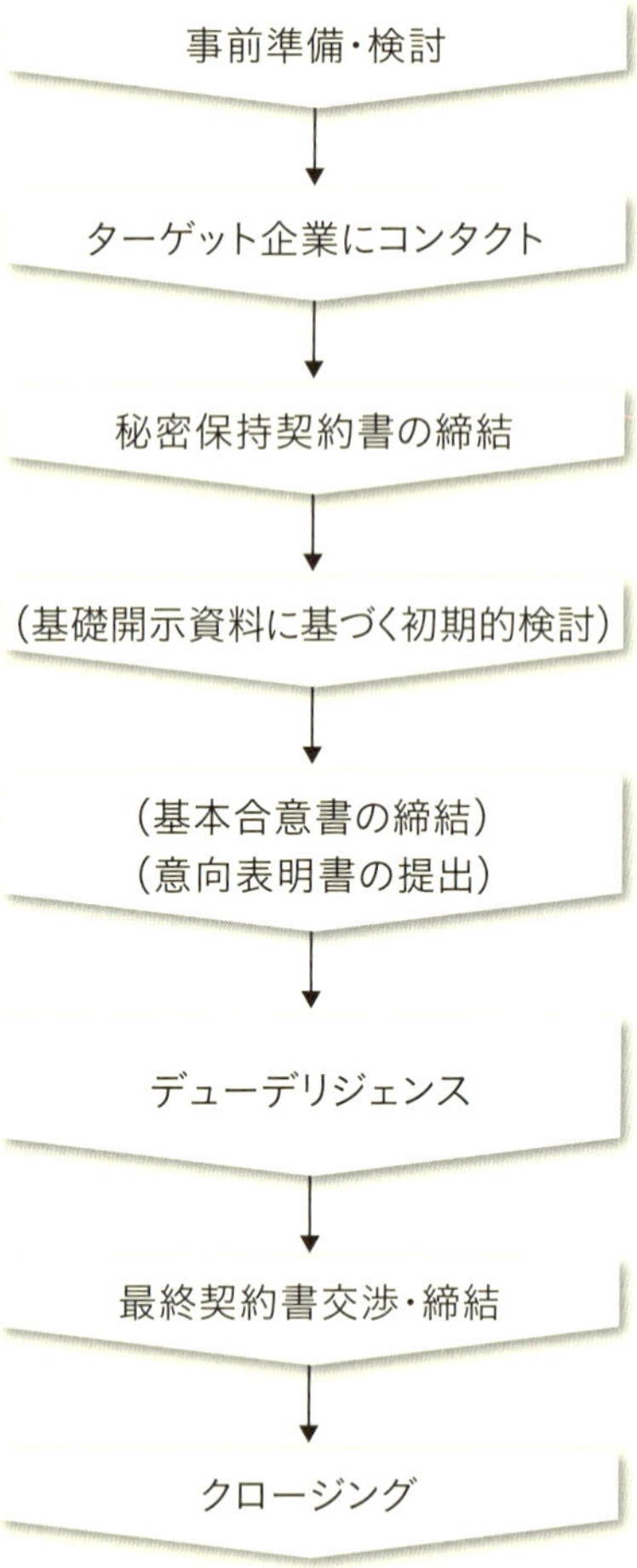

これだけの内容が、半年から1年という短期間で実施されるのがM&Aの一般的な流れなのです。

―オークション方式の場合―

ここまで、売却プロセスについて述べてきましたが、これは特定の会社と交渉する「相対方式」を前提としたものです。売却プロセスに関しては、この「相対方式」の他に「オークション方式」というものがあります。

「相対方式」とは、原則として特定の1社と交渉する方式です（複数社と交渉する場合もあります）。一方で、「オークション方式」とは、複数の会社と段階を踏みながら交渉を行う方法をいいます。「オークション」というと、会社をモノとして扱うようで、初期的な印象として嫌悪感を示す方もいるかもしれませんが、それはあくまでも売却の手法・方式の用語であり、何か特別なことを行うわけではありませんので、言葉の響きだけにとらわれてむやみに敬遠する必要は全くありません。かえって有利な面も少なくないからです。

「オークション方式」の最大のメリットは、売却価格の最大化を実現できる可能性が高ま

ること、そして時間管理を売り手主導で行うことができるということです。

相対交渉では、その買い手候補と合意した金額が最終の売却価格となります。つまり、他の買い手候補がより高い売却価格を提示する可能性は考慮されず、売り手側は相手の出した条件を受けるか・受けないかの二者択一を迫られるわけです。また、例えば売却価格を引き上げるための交渉を行う場合でも、他に候補者がいる場合といない場合とでは、交渉内容や駆け引きも異なってきます。さらにオークション方式であれば、時間の管理の面でも入札のタイミングやデューデリジェンスのタイミングは、売り手の都合で時期を区切りながら行うことができ、相手のスケジュールに引きずられる可能性は相対的に低くなります。

ただし、それらのメリットの一方には、当然、オークション方式であるが故のデメリットもあります。具体的には、複数の会社に声をかけることにより、秘密情報が漏えいする可能性が高まりますし、複数社のデューデリジェンスに対応しなければならない場合も出てきて、受け入れ側の実務の負担はかなり大きなものとなります。デューデリジェンスの準備や複数社との交渉などの負担の増加は避けられませんから、オークション方式を採用する場合にはアドバイザーの起用が必須と考えられます。また、そもそもオークション方

式を採用することのメリットを持つ会社は、ある程度魅力度の高い会社に限られ、魅力に欠ける会社についてはオークション自体が成立しないという残念な結果になってしまう可能性もあります。

―オークション方式の進め方―

オークション方式によるM&Aの進め方は、大きな点では相対取引の場合と異なることはないのですが、段階を踏みながら進めるという点では、異なる点も多々あります。買い手の候補先に打診する際に、秘密保持契約書を締結して資料開示をするという点までは、相対取引の場合と概ね同じと考えていいでしょう。オークション方式の場合は、「インフォメーション・メモランダム」という売却対象の企業や事業の概要を記した資料を作ることが一般的です（相対方式でも作成する場合はあります）。この資料には、会社の概要、事業の内容や強み、財務情報や事業計画などが含まれており、この資料を見ることで、売却対象の全体像を把握することができるわけです。時間を区切って売却プロセスを売り手主導で進めていくには、逆に言えば、買い手がスケジュールについていけるように、しっ

かりと資料準備を売り手側で進めていくことが重要ですので、インフォメーション・メモランダムの作成をはじめとした開示資料を適切に整えることが重要になってきます。

資料開示を終え、調査を行った段階で、買収条件を提示してもらうわけですが、オークション方式の場合には、複数回（通常は2回とする場合が多い）の入札を行います。段階を踏む理由としては、情報管理の観点から詳細な資料開示を行う会社を絞っていきたいという点や、デューデリジェンスの受け入れ対象会社数には限界があるため事務処理が可能な範囲の会社数に数を絞りたいということ、入札準備の過程で買い手の本気度合いを確かめつつ、最適な候補者の絞り込みを行いたい、というような様々な理由があります。

複数回の入札を終え、最終的にはM&Aの対象相手は1社に絞りこむことになりますから、その1社と最終的な契約交渉を行い、最終契約を締結し、クロージングを迎えるという点は、相対取引の場合と同じになります。金額だけでなく、最終契約の内容自体も複数の候補者からより良い条件を引き出したい場合や、残った候補者の選定が甲乙つけがたいような場合には、最終契約交渉ですら複数候補者と行う場合もあります。このあたりの進め方は、アドバイザーと相談しながら進めるのがいいでしょう。

図 20　M&A進行のフローチャート（オークション方式の場合）

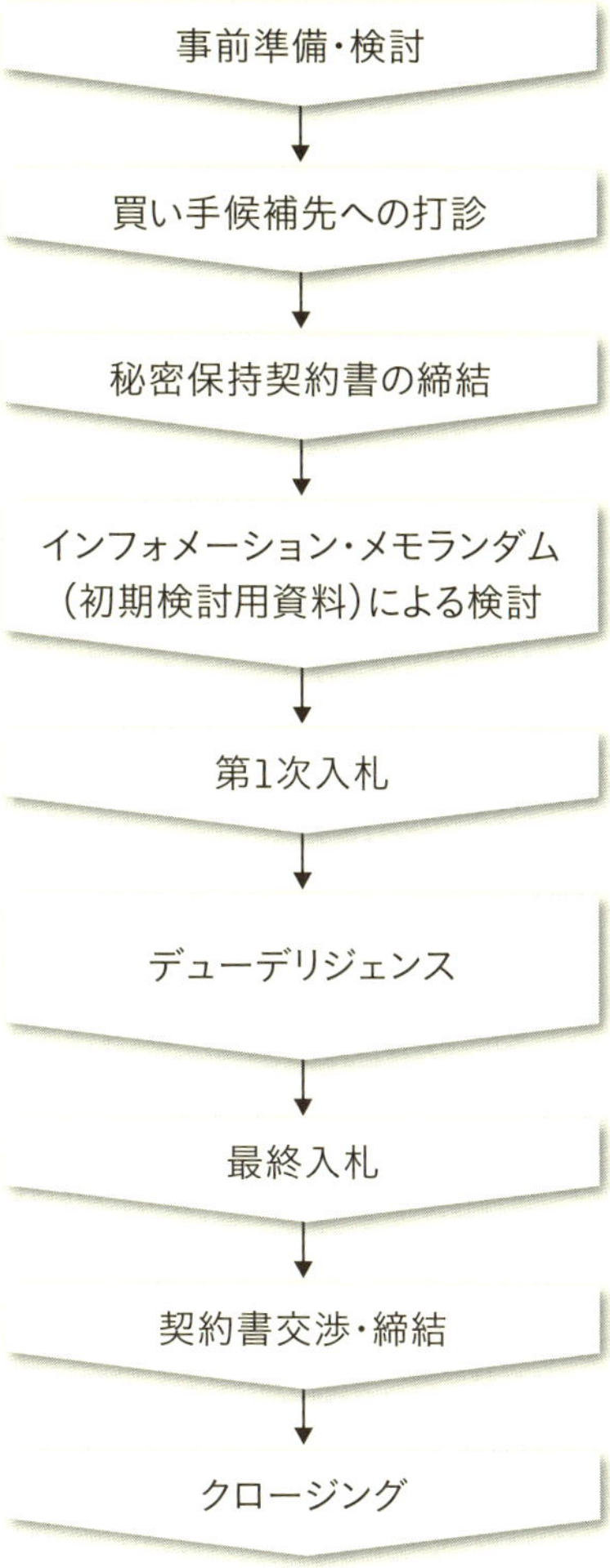

―アドバイザーを利用する6つのメリット―

M&Aは一件ごとが独自の案件であるオーダーメイドのようなものです。当然ながら、アドバイザーを利用するメリットも多岐にわたりますが、多くのケースに共通するポイントについて個別に説明します。

先に説明したM&Aスタートからクロージングまでの進行スケジュールに合わせて、それぞれのステージでアドバイザーが果たす役割が理解できるはずです。

① 価格交渉力

複数の買い手候補に打診を行い、諸条件を比較検討することはアドバイザーの主要な役割といえます。

万一、その内容をアドバイザーに依頼せず自力での交渉とした場合は、そもそも従来、関係のなかった潜在的な買い手候補者へのアクセスは困難であるといわざるを得ません。また、事前にかなりの濃密な関係がない限り、一般的なM&A実行の目安である半年から1年程度という期間内に、M&Aに関する具体的な価格にまで踏み込む「生臭い話」へ到

達できるとは考えにくいものです。

またM＆Aプロジェクトの進行とともに発生する様々な選択肢についても、経験則に裏付けられたアドバイザーからの助言を期待できることになります。また、オークション方式の場合、実際の買収金額決定の過程では、アドバイザーにとっての通常業務といえる数回の入札手続きが繰り返されます。アドバイザーがいることで、取引に関して売り手側のペース・売り手側主導での交渉ができる可能性が増加するのです。

② M＆A対応のサポート

通常業務とは完全に異質なM＆Aに関して、十分な知識を持つ経営トップはほとんどいません。専門的な知識は当然のこと、実際にプロジェクトを立ち上げ進行していくためにどのような準備が必要なのかも分からないのが一般的です。

それほど経験を持たない顧問や会社関係者が書籍などを調べて対応しようとする場合も時々見受けられますが（そのためともいえる書籍を書きながら逆のことをいうようですが）、書物に書かれているものとは全く異質の「経験」による大きな差が出てくる場面が多いというのが「実務」なのです。

また、アドバイザーの協力によって、短時間で分かりやすい必要資料を準備することが可能となります。買い手候補が必要とする情報やデータを分かりやすく整理された状態で提出できれば、売却プロセスの運営をスムーズに進行させることができます。

例えば、事業計画などについては、従来、社内向けに利用していた簡易的なものをベースに、アドバイザーのノウハウを使って詳しい数字や予想を組み込んだ客観的な資料にまとめ直します。実際、買い手候補との交渉ツールとして、事業ごとの強み・弱みを具体的に整理した資料が用意できれば、M&Aに向けた交渉を有利に展開できるでしょう。ところが、上場企業でもなければ通常は用意する機会の少ない客観的資料を作成するノウハウを持つ中堅・中小企業は決して多くありません。まさにこれは、アドバイザーの専門的スキルが十分に発揮されるポイントの一つといえます。

③　取引手法の選択（ストラクチャリング）

M&Aの取引手法には様々なものがあることは既に述べましたが、それらの中から目的に沿った適切な取引手法を選択するのも、アドバイザーの重要な役割です。

M&Aには、法律、会計、税務、ファイナンスなど、いくつもの論点が考えられるた

め、総合的にそれらを理解しているアドバイザーを選任できれば頼もしい存在となることは間違いありません。法律面は弁護士に、会計・税務面は会計士や税理士に聞けばよいというスタンスのアドバイザーがいないとはいいません。しかし通常、アドバイザーは取引全体の目的やニーズを把握しながら、各種専門家の助言を分かりやすく顧客に伝える技術を持っていますし、とかく保守的で問題点の羅列になりがちな専門家のアドバイスの取捨選択に関する助言を行うこともその重要な役割となっています。しかしながら専門家というには経験が足りず、株式譲渡しか経験したことのないようなアドバイザーもなかにはいますので、取引手法が画一的に定まらないようなM&A案件においては、その選任は十分慎重に行わなければなりません。

④ 手続き推進力

M&Aプロジェクトは秘匿性の高い案件であり、通常、情報の公開範囲は経営トップとその周辺のごく限られたメンバーに限定されます。その一方で、通常の業務と並行してM&Aプロジェクトを数人の幹部メンバーのみで進めることは、負荷が非常に大きくなります。さらに、そこに社内での情報管理の問題などが加われば、状況はさらに困難なものと

なっていきます。

一方で、M&Aプロジェクトにアドバイザーを採用するという選択は、スペシャリストの専従者を確保することと同じです。それによって経営トップは日々の業務に専念することができますし、アドバイザーからの日々のプロジェクト進捗報告やその節目節目での意思決定ミーティングでの報告をベースに、幹部メンバーは必要な状況把握が可能となり、意思決定を適宜行えば十分という状況が生まれます。

アドバイザーは、M&A成立に向けた水先案内人としての役割を果たす存在といえます。具体的なその役割は、プロジェクトの実際に進むべき道のりを端的に示すと同時にそれをスケジュールに置き直し、それぞれのタイミングでどのような事態が発生し、そこで何をすればいいのかを常時アドバイスすることにあります。

通常、このような役割を代行できる経験やスキルを持つ人材が企業内にいることはあまり考えられません。その場合、プロジェクトの社内メンバーは、随時、初めて経験する事態への対応を迫られることになります。短期間での有利な意思決定が困難なことは容易に想像できますし、たとえ時間をかけることができたとしても、実際のM&A成立までたどり着けるかは大変怪しいといわざるを得ません。

⑤ クッション効果

M&Aプロジェクトの早い段階で買い手候補を1社に絞れるとは限りません。売り手側主導でM&Aを進行させたいとすれば、オークション方式で複数の買い手候補との交渉を行うことになります。

しかしながら忘れてはいけないのは、M&A成功の先には候補者のなかの1社と共同して同一の事業目標達成を目指す将来が控えているという点です。未来の仲間に対して、ハードなネゴシエーションを行うことに逡巡するのは人間として当然ですし、相手にとってもそれは同様です。

特に、具体的な売買金額や人事に関する問題、オーナー企業ならではの経費内容等への踏み込んだ質問などについては、両社の当事者同士の直接交渉の過程で、なんらかの遺恨が残ってしまうという危険も考えられます。一方で、このような事案に関してもアドバイザーが介在することが、双方にとっての緩衝材（クッション）として機能することを期待できます。

⑥ 相談役・参謀役

オーナー経営者にとって、我が子のように育てた企業を売却するという事態は、寂しさや戸惑い、逡巡などの不安感に苛まれる状況となってしまうことは決してめずらしくありません。しかしながら、M&Aは経営トップの専権事項である以上、そのような感情は役員や社員を含め、社内のどんな人間にも明かすことはできないはずです。

実際、その手の相談が可能となるのは、第三者であると同時にプロジェクトに深くかかわるアドバイザー以外には考えにくいものです。経営者にとっては、アドバイザーは日々の相談相手にもなり得る存在といえるでしょう。

もちろん、相談の範囲は精神的なものだけではありません。より現実的な経済面の話やM&Aの実際の進め方に関する相談事が出てくる場合もあります。極言すれば、アドバイザーに求められるのはM&Aのテクニック面からオーナー経営者の精神的ケアまでの広範囲なケアということもできるのです。M&Aにおいては、何事であれ包み隠さず相談できるようなアドバイザーと出会うことが非常に重要、といわれるのはそれが理由です。

つまり、アドバイザーの選択は、精神的な面だけでなく、M&Aの成否にさえ関連する重要ポイントに他なりません。

理想を述べれば、M&Aの成功だけを目的とするのでなく、客観的な状況判断により、

場合によっては進めるべきでないM&Aのストップを進言することも厭わないようなアドバイザーを見つけることが望まれます。まさに最高の相談相手といえる存在です。そこには人間的な相性も大きく影響します。例えば性格的に合うか合わないか、信用できるかそうでないかなどが、アドバイザー決定にあたっての大きな判断材料となる場合も少なくはありません。

―M&Aの「助言」と「仲介」は違う―

アドバイザーなどの専門家の存在が、M&A実施にあたってどれほど重要になるかは十分ご理解いただけたと思います。条件面でのM&A成功可否だけでなく、そもそもM&Aが成立するか否かに関しても、専門家の協力が得られるかどうかが大きく影響するといっていいでしょう。

ところで、実際のM&Aの専門家には「助言」と「仲介」という2種類が存在します。どちらもM&Aを希望する企業にアドバイスを行い、プロジェクトの効率的な進行をサポートする業務を担当するという面では同様ですが、決定的に異なる面も持っています。

ごく単純にいってしまえば、「助言」を行うアドバイザーにとってクライアントは1社のみ、すなわち売り手側か買い手側かのどちらか一方だけが顧客となるのが通常の形です。それに対し「仲介」はその名称の通り、M&A業務の双方の利害関係者である売り手側と買い手側の両者を顧客とすることになります。M&Aのアドバイザーの仕事は、「仲介屋」というイメージを持っている方も多いかもしれませんが、「助言」と「仲介」は大きく異なることを認識しておく必要があります。

仲介は、売り手と買い手を結び付けるというマッチング機能にその本質があると考えられます。売り手は高く売りたい、買い手は安く買いたいと思うことが通常でしょうから、価格条件やその他の取引条件について仲介業者が助言するというのは、構造上無理があるといえます。本質的に相反する双方の利益を両立させるような助言を行うというのは、非常に困難なものであるだろうことは想像に難くありません。

昨今はメガバンクや大手の証券会社系のM&A助言会社やM&A部門は、基本的には仲介業務を行っていません。それは、この「利益相反の問題」が大きいからであると考えられます。なかなかM&Aの相手を見つけにくい小型案件や地方案件では、マッチング力のある仲介業者を使ってみるメリットも少なくないと考えられますが、高く売りたいという

ニーズが強いのであれば、仲介業者の限界をよく理解したうえで起用の是非を考えるべきでしょう。

特に、オークション方式を採用してM&Aを行う場合には、注意が必要です。仲介業者を売り手側アドバイザーとして起用し、そのアドバイザーが同時に買い手からも仲介報酬をとるという場合を考えてみてください。Aという買い手候補はM&Aの買収資金は高く出そうと考えているが、利益相反の問題が強いので仲介業者を起用しないとし、Bという買い手候補はAと比べ買収資金は低いが仲介報酬を払ってもよいと考えているとしましょう。この場合、仲介業者が報酬の最大化を考えて行動すれば、本来はAを選ぶように助言するところを、Bを交渉相手にするように動くインセンティブが働く可能性があります。実務上はそこまで単純ではないかもしれませんが、仲介が本質的に顧客利益の最大化に懸念の生じるような仕組みであることは留意すべき点として挙げておきます。

また、売り手の状況を考えれば、本来はオークション方式を採用すべき場合であっても、オークション方式であっては買い手側からの報酬が期待できないことが理由となり、相対交渉を行うケースもあると聞きます。相対交渉であれば、1社ずつ仲介報酬を払う相手と順番に交渉することができ、交渉が決裂すれば次の相手を見つけてくるというやり方

が可能となるからです。つまり、売却金額の最大化ではなく、報酬合計金額の最大化の方向に行動が向いているということです。

なお、「仲介」を行う会社のなかには、従業員のノルマが厳しかったり、インセンティブ給与の度合いが高いなど、顧客利益を優先しにくい体系になっている会社もあるとの評判も聞きますので、留意が必要です。

一方、「助言」を行うアドバイザーにおいても、顧客利益最大化のために交渉することは目的に即したことであっても、交渉することそのものが目的化してしまったり、場合によっては顧客に対するアピールやパフォーマンスとしか思えないような、強い交渉をするようなアドバイザーも見受けられます。その区別は難しいところですが、実際にアドバイザーが案件を壊してしまうというようなこともありますので、気をつけたいところです。

結局は、仲介であれ助言であれ、良心的で誠実なアドバイザーを見つけることが重要となります。

―Ｍ＆Ａのサポートに必要な費用―

Ｍ＆Ａは非常に専門性の高い業務です。条件的な面ばかりでなくプロジェクトの進捗から契約までの順調な進行を望むのであれば、Ｍ＆Ａ専門家の起用は十分考慮に値するといっていいのはそれが大きな理由となります。

ただし、当然ですがその場合には業務に対する対価が発生します。

Ｍ＆Ａは事例ごとに詳細な内容が異なるオーダーメイド的な業務ですが、一般的には基本的な料金体系として納得感のあるものが利用されていますので、その考え方を説明しましょう。

Ｍ＆Ａ業務サポートを依頼することで生じる手数料は、大きく分けると「着手金」と「成功報酬」となります。また、月額報酬として「リテーナー報酬」が生じるケースもあります。

このうちの「着手金」とは、実際にＭ＆Ａプロジェクトを開始するにあたって必要になるもので、各種実費＋作業料の充当分と考えられるものです。支払いのタイミングはアドバイザリー契約を締結する時点が一般的です。これには、契約以前に先行して実施したい

くつかの業務、例えば相続対策やM&Aの概要説明、当該案件のシミュレーション提供などの対価という意味もあります。

同時に、着手金の支払いは、オーナーにとっては実際にM&Aプロジェクトをスタートさせるにあたっての、ある種の決意表明ともいうべき役割を果たします。アドバイザリー契約が締結されれば、アドバイザーは買い手候補選びやそこに対してのM&A意向確認などといった対外的な作業を開始します。もしその過程で、オーナーがM&A実施の意向を変えるようなことがあっては取り返しがつきません。

ただし「着手金支払い＝クロージング」であると安易に考えるのは危険です。なぜなら買い手候補との交渉の結果、M&Aを断念するという結論が出てしまう場合も想定できるためです。

M&A業務の報酬体系に関する主要な部分は「成功報酬」ですから、着手金のみではアドバイザリー業務は実質的に赤字です。そのことを考慮しても、M&A断念という結果はオーナーだけでなくアドバイザーにとっても、できれば避けたいものであることは明らかでしょう。アドバイザーの本質は、成功報酬の可能性が見えていながら、断念すべきM&Aについては断念すべきだという助言ができるかどうかにあると考えます。M&A業務の

報酬体系は、成功報酬に偏っていていいと思いますが、着手金やリテーナー報酬には無理なM&Aを推進しないという保険的な意味合いもあるかもしれません。成功報酬一本で業務を行うアドバイザーもなかにはいます。その場合でも、この人（会社）は無理なM&Aを推進しないという信頼感が、最終的には大事になってくるのだと思います。

実際、「成功報酬」は「着手金」と比べた場合、金額的にははるかに大きなものとなるのが通常です。それがどの程度の金額になるかは、「成功」というその名称からも分かる通り、成果の大きさに比例するインセンティブ・システムによって決まります。M&Aの取引価格に応じ、実際の金額が多くなればなるほど報酬額もアップするというこの方式は、かつて、アメリカの投資銀行としてその代表的存在の1社だったリーマン・ブラザーズが考案したことから、金融関係者の間では、俗に「レーマン（リーマン）・テーブル」と呼ばれるシステムです。

この方式の特徴は、取引対象の金額と手数料の額が比例関係にある点です。ただしM&Aの金額が大きくなるにつれ、金額の大きな部分にかかる料率の方は反対に低下していくという、もう一つの特徴があります。

一例として、図21の手数料体系をベースにして、報酬額を計算してみます。

図21 レーマン・テーブルの手数料体系（例）

取引金額	料率（税別）
5億円以下の部分について	5%
5億円超10億円以下の部分について	4%
10億円超50億円以下の部分について	3%
50億円超100億円以下の部分について	2%
100億円超の部分について	1%

取引総額が15億円のM&Aが実施された場合、5億円以下の部分については5%の料率が適用されて2500万円、10億円までの部分は4%の料率で2000万円、15億円までについては3%料率で1500万円となり、合計した総報酬額は6000万円であることが分かります。

ただし、レーマン・テーブルを採用したとしても、具体的にどれほどの料率を採用するかは、個々のM&A案件によって異なってきます。

簡単にいえば、その際の基準となるのは案件の難易度です。例えば、すでに買収候補がほとんど確定しており、利用する手法も株式譲渡という比較的単純なM&Aであれば、ア

ドバイザーの役割もかなり限定的なものになります。一方で、業績が悪く売却成立の難易度が高いものである、あるいは採用するM&Aの手法によって煩雑な手続きが続く場合なども考えられます。「M&A」という点だけが共通で、実際の実務量や成功確率がまるで異なってしまうことや、特別な専門性が必要となる場合なども想定されるのです。

それだけに現実のM&Aでは、案件ごとの実際のケースに対応し、柔軟に料率を変化させることが一般的になっています。

また、同時に注意しなければならないのは、報酬額を計算する際のベースとなるM&Aの取引金額とは何か、という点です。

前の章で「企業価値」と「株主価値」の違いについて説明しましたが、先ほどの料率がどちらの価値に乗じるのかについて確認を行う必要があります。どちらを使うのが正しいのかについて正解はなく、これについてもケース・バイ・ケースとなりますので、誤解が生じないように事前に確認をする必要があります。十分な株式譲渡価額が想定できる案件であれば、「株主価値」に料率を乗じたほうがいいでしょうし、債権放棄によって債務超過を解消してから1円で株式を譲渡するような案件では、「企業価値」に料率を乗じなければ報酬はゼロになってしまいます。ケース・バイ・ケースといったのはこのような例か

らもお分かりいただけるでしょう。実際には、企業価値と株主価値の違いを説明しない場合や、企業価値よりもさらに金額が大きくなる「総資産価値」をベースに計算を行い、その説明を事前に行わなかったことでトラブルになるようなケースも見受けられます。何に対して料率を掛け算するかは重要ですので、よく確認することが必要になります。

さらにもう一つ注意が必要なのは、買い手側でアドバイザーを起用する場合です。そのままレーマン・テーブルを当てはめると、買収金額が高くなるほど報酬が高くなるという奇妙な状況が生まれます。本来、買い手側のアドバイザーは、買収価格が低くなるような努力をすべきですが、報酬体系がそれに連動しないことになります。買い手側でアドバイザーを起用する場合には、買収価格に連動させずに固定金額を成功報酬とするなど、買収金額に連動しないような報酬体系を検討することも必要でしょう。特に、仲介業者に報酬が発生する場合には、売り手と買い手の双方に中立的な助言を行うといいながら、少なくとも報酬体系上は買収価格を高くするインセンティブが発生してしまいますので、十分留意が必要です。

なお、インセンティブ方式とはいっても、通常はアドバイザリー契約の時点で数百万円から数千万円程度の最低成功報酬額を定める例がほとんどです。また、案件によってはそ

の一部を着手金と成功報酬の間に支払う形態を採用する場合もあります。M＆Aが一定の段階まで進行した時点での中間手数料や、アドバイザリー契約締結からM＆A完了までの期間中、月額の定額手数料（リテーナー報酬）支払いを実施するケースなどがその例です。

これらは、何が正しい、正しくないということではなく、案件の特性に応じて異なります。

―報酬以外のアドバイザリー契約のポイント―

もっとも、アドバイザリー契約で定めるのは報酬額だけではありません。もう一つの重要な内容として、専門家が提供する役務内容・業務範囲を決定しなければなりません。

その点に関して、当該M＆Aに関しては契約を交わすアドバイザーが独占的に役務を提供するという条件が重要になります。並行して複数の「助言」「仲介」などが行われれば、個別の買収候補者との交渉やオークション管理とそれに付随した情報統制が利かなくなってしまうからです。

また、先に触れたように、M＆Aはオーダーメイド的な業務であり、実際にそのプロセスをスタートしなければ業務内容がどの程度にまで及ぶのかは分かりません。事前には予

想できなかった状況が発生し、想定外の業務が押し寄せるケースも十分考えられます。そこで契約にあたっては、できるだけ具体的な業務などの合意内容を列記しておくことが必要となってきます。ただし、現実的には、あらかじめ業務内容をすべて定めることは難しいといえます。その対応策としては、アドバイザーの性格やその会社のカラーからして、柔軟性がありそうかそうでないかを見極めるしかなさそうです。個人は柔軟に動きたくても、会社の方針や業法の関係で柔軟な動きができないようなアドバイザーもいますので、杓子定規な対応しかできないのかどうかという視点も、アドバイザー選定の一項目にしてもいいでしょう。

また、その他に重要なこととして、アドバイザーとしてのサービス提供期間を明確にすることと、契約期間終了後のM&A成立でも報酬が発生することの確認があります。

通常の案件であればアドバイザー業務は6カ月から1年間程度、またその間にクロージングにまで到達しなかった交渉が継続して最終的にM&Aが成立する場合に備えた予備期間を2年間程度としておけば十分であると考えられます。その他、企業側からの補償とアドバイザーの免責条項も契約書に記載すべき内容といえます。

―企業価値を高めるためのポイント―

M&Aプロジェクトを開始し、その成立・実施に向けて動き出す以上、売却対象の企業や事業を正当に評価してもらうことは当然の目的です。さらに、現状評価に加え、潜在力や将来性などを確実に理解してもらうことで、プレミアム部分が拡大し、結果的にM&A対象の評価アップの可能性が高まります。

実は、M&Aは進め方のちょっとした工夫次第で「価値を高める」可能性が高まると考えられます。そのポイントについて次に簡単にまとめていきます。

①　開示資料の整備

M&Aの買い手候補は買収条件を提示する前に、必ず資料の精査を行います。それに際し、準備された資料に不備が多く発見されたり、内容の整理が行き届いたものでなければ、そのことだけで評価が悪くなるのは当然のことです。

決算書類をはじめとした財務関連書類、規程類、契約書類などの整備が重要であることは間違いありません。その際には、具体的にどんな資料がどの程度まで整っていなければ

いけないかは、専門家であるアドバイザーなどの意見を参考にすべきです。

② 説得力のある事業計画の策定

M&Aの価格算定においては、将来想定されるキャッシュ・フローが多いほど、高い算定結果となるのが一般的といえます。

つまり、利益計画の説得力が高ければ高いほど、価格算定で高く評価される可能性が高まるのです。逆のケースの代表は、いかにも単に「絵にかいた餅」というような事業計画です。それはかえって開示資料の信憑性そのものを疑われることにもつながりかねません。事業計画の作成にあたっては、その点を十分留意する必要があることをしっかりと意識しなければなりません。

③ 誠実な資料開示姿勢

M&Aに関していえば、「情報」については売り手が優位にあることは動かしがたい事実です。そのギャップを少しでも埋めるべく、買い手候補が実施するのが調査（デューデリジェンス）です。

例えば、売り手の開示姿勢が不誠実であったりすれば、開示資料に不備があるのではないか、開示されている以外にも何か問題があるのではないか、などといった疑心暗鬼が買い手候補に生じても仕方ありません。しかも、そのような疑念は明確に価格算定に反映されることになります。実際に、買収提示価格が下がってしまうケースも少なくないですし、それが原因で案件が不成立になることもあります。

一方で、長期間にわたる企業経営の間には、何らかの問題が出てくることの方がむしろ通常のことです。何も問題のない会社は見たことがありません。つまり、問題があることが当然であると考え、それを隠そうとするよりも、逆に早い段階でしっかり説明することがかえって良い結果に結びつくという例が多いものです。とはいえ、どの程度の内容を交渉のどの段階で開示すべきかは、専門家の間でも意見の分かれるところといえます。その判断は、実際には個別の事例ごとに異なってくるといってもいいでしょう。

なお、デューデリジェンス段階では資料開示を行わず、M&A完了後に問題が発覚し、買い手に損失が生じた場合には、損害賠償の対象となることがあります。それがあるなしにかかわらず、誠実に資料開示を行う姿勢は特に大事であると考えられます。

ものの代表です。

④　競争環境の醸成

M&Aにはいくつかの目的がありますが、買収価格はそれらのなかでも重要度の高いものの代表です。

開示資料などの各種情報を整えるのは適正な評価を得るための第一条件ですが、その他にも提示される価格を左右する大きなポイントが存在します。候補者間の買収競争がそれにあたります。例えば、複数の買い手候補者が、オークション方式でM&Aの条件を競り合うことになれば、（売り手に魅力があれば）買収価格が上昇する可能性はより大きくなります。

つまりM&Aプロジェクトでは、いかに買い手候補者間の競争環境を醸成できるかが重要になるといえます。取引対象となる事業へのニーズやその将来性に関する分析・判断は、候補者ごとに異なるのが当然です。一般的には同業他社が潜在的買い手候補となりますが、M&Aそのものを事業とする投資ファンドなどが、客観的な観点から当該事業により大きな価値判断を下す場合も出てきます。それらを勘案しながら有効な競争環境を醸成するためには、アドバイザーの協力も効果的です。

また、いったん、プロジェクトが動き出すと、どうしてもその完了（＝M&A成立）が

目的となってしまうこともあり得ます。しかしそれは明らかに誤りです。

M&Aはあくまで将来的な事業発展やオーナーにとっての一つの出口戦略が目的となっているものです。そのためにはスタート時点から「Walkaway Point（＝撤退条件）」を定めておくことも重要です。この言葉はM&Aを行うにあたって、どうしても譲れない条件を意味し、それがかなえられない場合には撤退する勇気を持つことが求められます。単純にM&A成立だけが目的化してしまうと、引き出せるはずの有利な条件をみすみす逃してしまうことにもなりかねませんし、本来断念するべきM&Aを実行してしまうことにもなりかねません。やめる勇気を持つからこそできる強気の交渉もあります。

⑤ キーマンの協力

M&Aの基本はウィン・ウィンです。これは売り手と買い手の双方にとってだけでなく、取引対象となる企業や事業にとっても、M&Aがプラス効果をもたらすという事実を表しています。

先に「敵対的M&Aはあり得ない」と説明しましたが、M&A対象者の賛同なしにはプロジェクトは成功しません。そこで必要になるのは、M&Aされる側の当事者のなかにプ

ロジェクトの協力者をつくることです。

いずれにせよ、調査（デューデリジェンス）の段階では主要当事者の協力が不可欠となることが考えられます。情報開示範囲については慎重に考慮する必要がありますが、可能であればプロジェクト始動後の早い段階で、組織内のキーマンとなり得る人材にM&Aの必要性を説明したうえで積極的に協力してもらえる態勢を構築することが望まれます。

⑥　潜在的問題が深刻化する前に売却

事業には売りどきというものがあります。買い手候補は事業の将来性などに様々な可能性を見出してM&Aに応募します。しかしながら、現状の財務指標などに欠点があれば、当然、評価額は下がってしまいます。例えば、経常損益を例にすれば、利益率が低下していても黒字の状態であるケースと、いったん、赤字転落した後では下される評価はまるで異なってしまうのです。将来これだけよくなりますよ、と示しても、現実の決算数値が赤字なのであれば説得力を失ってしまいます。

潜在的な問題点が一切ないという企業や事業はほとんどありません。しかし、M&Aを目的とする場合には、それらが顕在化する以前のタイミングを活用できるか否かによっ

て、プロジェクトの総合的な成否に大きな影響が出てくることは、しっかり意識すべきポイントといえます。手遅れになる前に早め早めにM＆Aを検討するという姿勢も、高い評価を得るためには重要なことといえます。

第5章

事例に学ぶM&A成功の法則

３タイプの事例に見るM&Aの過程とそのメリット

最後に本章では、ここまでにその現状や仕組み、メリットなどを説明してきたM&Aの事例を挙げていきます。

実際、企業がどのような過程を経てM&Aの実施に至ったか、またその成立によってどのように再スタートを切ったか、その結果、各ステークホルダーにとってどのようなメリットが得られたか、などについてまとめました。

既に説明してきたように、今日のM&Aは決して一部の業界や特定の企業にのみ関係したものではなく、規模の大小や事業分野にかかわらず、あらゆる会社にとって非常に利用価値の高い経営戦略手法となっています。

ここでは筆者が実際に担当した案件を含むM&Aのケースから内容の異なる３つの事例を取り上げ解説していきます。

事例① 物流事業の事業承継

同業他社の傘下入りによる事業承継

まず、最初のケースとして取り上げるのは、関西圏に展開する物流企業です。

これは今日の中堅・中小企業の事業承継に関する典型的なケースといえます。オーナー経営者の出口戦略と従業員の雇用確保という、事業承継にあたり重視すべき二つの要件をともに満足させる理想的なM&Aの成功例としてぜひとも参考にしていただきたい事例です。

―M&Aの概要―

・対象会社：物流会社A社、譲渡先：資本提携先X社（全国規模物流会社）
・M&A形態：A社の創業家一族保有株式のすべて（90%の持ち分）をX社が取得。残り10%はA社従業員持株会が保有継続

―A社の概要―

・関西地方に事業展開する運送会社。創業70年
・連結売上高約70億円、従業員600名
・地元近隣での配送網には定評があり、地元での絶対的な信頼を獲得している。長年にわたる実績の積み重ねで他社の参入が困難な環境を形成
・主要荷主である関西資本の大手電機メーカーや大手住宅設備メーカーなど、数社の大手企業の事業成長とともに、提携各社の製造拠点展開に合わせて本拠地以外にも事業進出して企業規模を拡大してきた

―M＆Aに至る前提条件―

・A社のオーナー社長は創業2代目の65歳です。一男一女がありますが、子女には家業の物流事業経営に対する興味はありませんでした。両名とも東京の大学を卒業後、物流業とは関係のない企業に就職し、それぞれ東京で家庭を持っていました。

・社長以外の社内主要幹部は専務と常務の2名でした。
・財務担当役員である専務は創業家と縁戚関係にあり、その役職は本人の能力に加えて、創業家との血縁関係が影響しているというのが社内の共通認識となっていました。
・営業部門を統括する常務は、新卒のプロパーであり、圧倒的な営業実績を積み上げて昇進し、成績を伸ばすことで常務にまで上りつめた方です。オーナー会社であることから、成果主義が徹底されていないことについて、多少の不満を持っていました。
・買収先であるX社は東証一部上場の物流会社です。国内だけでなく、海外にも物流網を持つ大手企業でありながら、A社を傘下に収めた後も社名の変更は行わず、A社の役員・従業員の雇用も現状を維持していくことを明言していました。X社は、M&Aに期待するメリットは相対的に手薄だった関西地域での物流網の拡張とA社の顧客である大手荷主の獲得であるという方針を持っていました。

―事業環境―

・競争環境：日本のトラック運送会社の数は1990年の「物流二法（貨物自動車運送事

業法と貨物運送取扱事業法）」の施行による規制緩和を契機として、一貫して増加を続けました。

・平均して毎年2000社前後の新規参入があり、一方の撤退が500社程度に抑えられていたことから、1990年度時点での事業会社数約4万社は2007年度には6万3000社余りまで拡大していました。

・しかしながら、その拡大ペースも2007年度以降には陰りが見え始めていました。新規参入の減少と廃業や倒産などの退出の増加がその要因です。実際、2008年度には事業撤退が新規参入数を上回る結果となりました。

・今後は燃料高騰に加え、安全・労働・環境などに関する法令順守に伴うコスト増加も確実視されることから、一層の淘汰が進展する業界と分析されます。

―A社の経営課題―

・業績

A社は過去の利益の蓄積によって現状では自己資本が厚く資金も潤沢となっています。

しかしその一方で、直近の経常利益に関してはかろうじてプラスを確保するという状況にありました。

従来の決算では経常利益率10%程度の水準を確保していましたが、直近はプラス幅が縮小し1%弱にまで落ち込むという状況が続いていました。これは同業他社のなかでの上場企業平均3・7%と比べ大きく見劣りする水準でした。

・経営環境

事業環境とも重なる燃料高騰問題、安全や環境等の法令順守に伴うコスト増加、さらに荷主からの価格引き下げ要請などを踏まえると、今後の業績はさらに厳しくなることが想定されます。この点に関する主要な課題には次のようなものがありました。

安全：事故防止、運行状況管理のためのデジタル・タコグラフやドライブ・レコーダの車載義務、点呼場所へのアルコール検知器の設置や点呼のための運行管理者の確保など。

労働：トラック運転手の労働時間等の基準改善に伴い、特に長距離輸送のコストが増加。近い将来の運転手不足深刻化も懸念され、基礎体力に劣る中堅・中小企業にとっては、一層の経営環境激化が確実視されます。

環境：環境への配慮が社会的にも大きく注目されるなか、燃費効率を分析するためのデ

ジタル・タコグラフに代表されるデジタル機器の搭載、排出ガス規制に対応したエコ・トラックの導入など、設備投資も継続的に実施していく必要があります。これも中堅・中小企業にとっては、重荷になってきます。

・主要荷主への依存

主要荷主である大手電機メーカー、大手住宅設備メーカーへの売り上げ依存度が50％程度あるという点は、これまでの事業発展や経営の安定に大きく寄与してきました。しかしながらその一方で、それらの主要荷主の全国展開・海外展開スピードにA社が対応しきれない状況も発生し、機会損失が発生するという問題点も浮上していました。主要荷主に関しては同業の大手物流メーカーからの提案も頻繁となっている模様で、将来的に主要荷主との取引を堅持するための不安要素となっていました。

・マネジメント層の人材不足

A社は創業以来、2代にわたってオーナー社長が強力なリーダーシップを発揮してきた社風であり、社内には、将来オーナー社長に代わって経営を担える人材について大きな不安がありました。日常業務を行ううえでは、優秀な社員がそろっているものの、次期社長候補といえるような人材は育っていないのが実情でした。

財務担当の専務は、縁故による役職といった部分も否めず、社長としての能力が備わっているとはいいがたいというのが社内的に共通する評価でした。また、本人にもそこまでの気概はありません。

また、営業担当の常務は、営業成績の点では抜群ではあっても社内での求心力はそれほどでもありませんでした。具体的な例を挙げれば、社員間の人望もごく一部に留まるなど、本人の意欲は別にして総合的に社長候補に目されるような状況とはいえませんでした。

―資本提携の検討・選択―

・以前から社長と長男の間ではA社の事業承継問題についての話し合いがありました。しかし、金融機関に勤務し物流事業承継の意思がないという長男の意向が変化することはありませんでした。長男は実家に帰って事業を継ぐ代わりとして、父親に事業承継に関する専門のアドバイザーを紹介したのです。

一方で社長もそのアドバイザーと何度か面談するうちに、取引金融機関や顧問税理士にはない専門性、スピード感、経験に信頼を持ち、様々な可能性について相談するように

なってきていました。
・アドバイザーからは、物流業界の将来、自社のおかれた事業承継の状況、M＆Aのメリットとデメリットなどに関して、数カ月の間に幾度となく説明を受けました。
・資金力や規模メリットのある大手同業他社との資本提携によって、マネジメント層の人材の受け入れ、主要荷主の全国展開への対応などが可能となると判断し、社長はM＆Aによる事業承継を決意。アドバイザーとはM＆Aに関するアドバイザリー契約を締結しました。
・その時点で会社の主要幹部である専務・常務に簡単な報告を行いました。ただし、その時点で専務・常務からは特段の意見は出ませんでした。

― 資本提携候補先の選定 ―

・プロセス
情報管理の観点から候補先を限定したクローズドオークションを実施（クローズドオークションとは、限定的に候補者を数社選定し入札手続きを行う手法）。

２０１３年11月：業務との親和性、候補先のM&Aニーズなどを考慮し、秘密保持契約を締結したうえで、同業7社へ提案

２０１３年12月：7社のうち提出を受け入れた5社から第一次意向表明書が提出される。内容精査のうえ、候補先を3社に絞って、デューデリジェンス、マネジメントインタビュー、現場視察を実施

２０１４年2月：3社から最終意向表明書および株式譲渡契約書案を受領

２０１４年3月：価格条件でもっとも優れ、同時に社風についても一番近いと感じられるX社と最終交渉を行うことを決定。契約書交渉を経てX社と株式譲渡契約書を締結。X社は上場会社であるため、適時開示を行う。主要顧客への挨拶、従業員説明、金融機関・地域団体への挨拶も速やかに実施

２０１４年4月：独占禁止法対応、株式譲渡の前提条件となっている手続き等を実行

２０１４年5月：株式譲渡取引の実行

―選定基準―

資本提携候補先からの提示金額の多寡にかかわらず、両社の社風や事業の親和性、資本提携後の運営方針（既存顧客への事業戦略、社名維持、従業員の処遇など）を特に重視しながら選定を行いました。

―M＆Aによるシナジーなど―

物流業界では、荷主である日本メーカーのグローバル化が進むにつれ、拠点の全国展開は当然のこととして、海外も含めて拠点を拡充していく必要に迫られる状況があります。

そんな状況下、東日本が発祥で強い商圏を構築してきたX社は、一応全国に拠点を持っているとはいえ、関西地区においては知名度がいまひとつで、関西圏での営業強化が経営課題の一つでした。過去に関西地区でのM＆Aを検討したこともありましたが、対象企業の規模が小さすぎたり、荷主が魅力的でないなど、最終合意には至りませんでした。その点からも今回の売却対象となったA社は地元の名門企業であり、荷主も魅力的である一方

で、X社の海外拠点をA社およびA社の荷主に提供できるなど、ウィン・ウィンの関係が十分に予測可能でした。

また、A社にとっては、荷主の製造メーカーが海外に進出しても、それに対応できるサービスもなく、中長期的には主要荷主喪失のリスクも抱えているという点が経営上の弱点となっていました。ちょうど事業承継の問題が生じるタイミングで、経営戦略を固めていかなければならないという点で、M&Aを選択する素地が整っていたことになります。

―M&A成功の法則―

・M&Aのタイミング

業績面から見ると、A社は経常利益を確保し続けているとはいえ、過去の水準と比較すれば下降基調であることは否めず、競争力が失われつつある状況は明らかでした。

オーナー社長の65歳という年齢から、事業承継の問題があることは誰の目にも明らかでしたし、社内で表だって取りざたされることはなかったとはいえ、幹部社員や主要荷主の間にも潜在的な不安要素という認識が広がりはじめていました。

将来的な競争激化が確実視される運送業界の事業環境を考慮すれば、事業継続・雇用維持のためには、A社にとって優位な条件での資本提携交渉を行うための喫緊のタイミングであったといえます。

・競争環境の醸成

業績面からA社の今後の競争力に不安はあるものの、地域に根差した名門企業であるとともに規模的にも過不足なく、かつ、主要荷主に一流会社が多くを占めていたので、大手の物流会社にとっては、非常に魅力のある買収対象という見方もできました。可能であれば好条件で売却したいというオーナーの意向もあり、オークション方式を採用しました。今回は、基本合意書を締結して途中で候補先を1社に絞るのではなく、最後まで競争環境を維持するために、3社にデューデリジェンスを実施してもらい、最終入札を行うことにしました。このように、売却先として魅力のある案件においては、好条件を引き出すためにも、できる限り競争環境を維持できるような方法をとることが重要です。仮に、1社と早い段階で相対交渉を行ったり、仲介取引を行ったりしたとすれば、今回のような好条件を引き出すことは困難であったと考えられます。

・地域への対応

A社は地元名門企業であり、同社役員は地域の経済組織（ロータリークラブや商工会議所など）の役職も兼ねていました。そのため、M&A交渉がまとまり買収先となったX社による適時開示直後には、率先して地元組織への挨拶を行い、かつ生え抜き役員が引き続きA社および地元組織の役職を継続することを明らかにしました。その目的は地域への影響を最小限とすることを心がけて、地域の経済界からのサポートを確実にしてスムーズな事業承継を成功させることを目標としたものでした。

同時にA社社長は株式譲渡後も顧問として1年間はA社に在籍して、スムーズな引き継ぎに協力することを公言しました。これは、いわゆる「身売りした」などの風評を可能な限り避けるための施策でもありました。

・従業員・役員の理解

A社は創業以来、オーナー社長をトップとした同族経営を続けてきました。

強力なリーダーシップを発揮してきたオーナー社長が経営から身を引くことについては、当然、古参の役員や従業員への慎重な配慮が必要です。結果的にこの問題は、地道な対話を重ねることでM&Aへの理解を深めることで解決しました。

特に対応が懸念されたのは専務でした。会社のオーナーが交代することで、従来の縁戚関係に由来するメリットが失われてしまうこともあり、株主変更後の自身の処遇に不安を持った専務は、そもそもM&Aに反対でした。M&Aプロセスへの妨害行為こそなかったものの、折に触れ、社長にM&Aの恐ろしさや会社が乗っ取られる可能性を示すことで、M&A実施を思い留まるように進言していたのです。

これに対し、社長は真摯な話し合いを行うという態度で終始対応しました。ただし「単に反対」という専務のスタンスを支持することはなく、M&Aに代わる代案を示せない専務の意見を聞き入れることもありませんでした。中長期的な視点で会社の将来を考慮すれば、特定の役員の漠然とした不安を基に意思決定を行うなどということは最初からあり得ません。社長は事業の将来・従業員の将来を第一に考えれば、毅然とした態度でM&Aによる経営移譲を推進することこそ経営者の役目に他ならないと考えていたのです。

社長と専務、二者の意向は平行線をたどりました。そのため一時期、ふたりの間に険悪な雰囲気が漂ってしまうことさえありました。しかしながら、社長が専務に対し、万一M&A実施の方針に不同意を貫くようであれば、株主総会における役職解任も考えるという不退転の意思を示してからは、専務も社長の意思に反対することはなくなり、M&Aプロ

セスが滞るようなことはありませんでした。

そのような過程を経るなかでアドバイザーが提案したのは、専務・常務をはじめとした、M&A成立後もA社の経営幹部として残る人員について、相手先の選定プロセスにも参加してもらうことでした。これはA社の主要メンバーに対し、当事者意識の共有による状況理解を深めることを目的としたものでした。

結果的には、M&A成立後もA社に残った専務は、現在も同じ役職にあり、親会社となったX社からも一目置かれる存在として活躍しています。

確かに本人は縁故によって専務の地位に上りつめたと考えていた節もあったようです。しかしM&A成立後のA社内において、実際には、長年にわたって築き上げてきた専務の社内外のネットワークや経験値は何物にも代えがたいものであることが明らかになったのでした。その存在は会社にとってなくてはならないものだったのです。従来は、何事であれオーナー社長に頼り切っていたものが、現在は、自分がいなくてはこの会社の将来はないというような気概を見せ社内外を切り盛りしています。

また常務については、新しいスポンサー企業の下で、まったく縁故を抜きにした実績第一の人事が行われることへの期待が大きく、これまで以上に精力的に業務に邁進していま

す。

社内の要ともいえる専務と常務ふたりの新たな努力と、新スポンサーとなった業界大手X社から派遣された新社長の手腕により、M&A成立後のA社は順調な船出をきることができました。

事例② 特殊子会社の売却

親孝行子会社を事業再編に活用

次の例は、選択と集中に伴う事業再編において子会社を同業先に売却したケースです。日本国内の経営環境変化とともに、従来の多角化経営からの方針転換で本業集中を進める企業が増加しているのはよく知られています。このケースは、まさにそのような実例の一つです。

―M&Aの概要―

・対象会社：薬品メーカーS社、譲渡先：資本提携先Y社
・非上場化学品商社P社が、100%子会社のS社の全株式を非上場Y社に譲渡

―P社・S社の概要―

・P社は化学品を扱う商社であり、連結売上高300億円。営業利益は約10億円

・S社は、特殊な薬品を製造する会社でP社の100%子会社。売上高25億円、営業利益1・5億円。直近の15年程度に関しては売上・利益ともに大きな変化はなく成長とは無関係な状況で、かつては業界順位も上位にあったが、成長の鈍化に伴い、従来の下位メーカー数社に業界順位を抜かれている状況

―M&Aに至る前提条件―

・S社は、P社の本業の卸売業とは異なる製造子会社であり、事業的な相乗効果はほとんどありませんでした。グループ内の位置づけとしても、親会社で役員になれなかった人材の天下り先として認知されている状況です。

ただしその一方で、大きな成長こそ見られないとはいえ安定して利益を計上していることは事実でした。そのため、経営や事業に対して特に親会社からの干渉もありません。極

端にいえば親会社にとって「ただ株式を持っているだけ」というような状況が続いていました。

―P社の経営課題―

・業績

親会社であるP社の業績は堅調に推移していました。老舗化学品商社として、非上場ながらも強固な商圏を築き上げ、業界内では安定した優良企業として認知されています。

そのような状況ですから、現状で目に見える喫緊の経営課題はありません。しかしながら、商社という業態に特有の財務傾向として比較的有利子負債の多い点が問題ではあり、業績が堅調である時期に財務体質をより強固なものにしたいという意向がありました。

100%子会社であるS社は、20年前に当時のP社社長とS社の創業オーナーとの関係から傘下に収めた会社でした。S社は特殊な薬品のメーカーでありP社事業に多少の関係はあるとはいえ基本的には本業とは別系統の企業といえます。

ただし、薬品メーカーとしては業界内での位置も高く、業績も好調であったことから、

薄利の商社ビジネスからの利益率改善を考えて買収を決定し子会社化したものでした。

傘下に収めてから20年になりますが、S社の業績はリーマン・ショック時の1年間を除けば、常に黒字となっており、グループ経営の負担となることは一切ありませんでした。とはいえ、S社の存在がP社グループの財務状況を大きく改善するほどのものでもありませんでした。また、事業内容が特殊な薬品という非常にニッチな業界であるがゆえ、P社のマネジメント層のなかにはS社の経営にそれほど関心を示す者はおらず、結果的に親会社からの人材の受け皿程度の存在と認識される会社となっていたことは否めませんでした。

―資本提携の検討・選択―

P社に経営に関する提案を行っていたアドバイザーは、業績が堅調に推移している現状こそ、選択と集中の観点からS社売却の好タイミングであるとアドバイスしました。P社には切実な売却の必要性がなく、S社の業績もプラスである現状こそ高値での売却の可能性が高く、P社の財務体質改善に寄与する割合も大きくなるというのがその理由でした。

また、S社のプロパー役員や社員にとっても売却されることは必ずしもマイナスではな

いことも説明しました。20年間にわたって堅調な業績を続けたとはいえ、事業的にグループの本流とはなれない以上、S社はP社グループ内ではいつまでも日蔭者扱いが続かざるを得ません。それが潜在的にS社プロパー役職員のモチベーションにも悪影響を与えており、むしろ同業の企業グループへと移動した方がS社にとってもメリットが大きくなる可能性が高まるという、従業員目線に立った提案でした。さらに近い将来、徐々にではあっても業界内での競争が激しくなることが確実視され、同業者との合従連衡によって一段の競争力強化を図ることが得策ではないかという点も指摘されました。

およそ半年にわたる継続的なディスカッションの結果、P社役員会はS社の株式売却プロセスに入ることを決議し、正式にM&Aプロジェクトにアドバイザーを起用することを決定しました。

薬品メーカーというS社事業がかなり特殊な業界にあたることもあり、そのM&Aに興味を示す会社はそれほど多くはないであろうと予想されました。

そこでM&Aの提案は、同業他社数社を中心とすることとし、同時に市場での価値評価を取り入れたいというP社役員会の意向に沿って、小型案件に積極的に取り組む国内系の投資ファンドにも声をかけることになりました。

─資本提携候補先の選定─

・プロセス

情報管理の観点から候補先を限定したクローズドオークションを実施（クローズドオークションとは、限定的に候補者を数社選定し入札手続きを行う手法）。

同業者が第一の候補先であることから、社風や取扱い製品から同業者のなかでもS社と親和性が高いと考えられる3社を選択、同様に小型案件での高い実績を持つ投資ファンド2社にもS社に関するM&A意向を確認することとしました。

2013年10月：売却プロセスに入ることをP社役員会が決議

2013年11月：売却プロセスの準備に入る。この時点では、S社の社長と副社長にのみ、当該プロセスに入ることを伝達。資料開示等の協力を求める

2013年11月：業務の親和性、候補先のM&Aニーズなどを考慮し、秘密保持契約を締結したうえで、同業3社へ提案。また、投資ファンド2社へも提案を実施

2013年12月：うち3社から第1次意向表明書を受領。次の段階として、詳細な調査に入ってもらうことになりデューデリジェンスや工場視察等の手続きが必要になるが、複数の同業者へ詳細資料を開示するのは得策ではないと判断。この時点で買収候補を1社に絞りたいというP社の要望もあり、意向表明書を提出したなかの1社と基本合意書の締結を行う方針を決定

2013年12月：3社の意向表明書の内容と条件に関してのヒアリングを実施。価格条件は3社のうち上位2社のものが近接していたが、S社の社長・副社長の意見も勘案し、両者のうちのY社と優先的に交渉を行うことを確認

2014年1月：Y社と基本合意書を締結。価格を中心とした条件について合意。この時点で、S社の情報開示範囲を、社長・副社長に加え、営業担当取締役、財務担当取締役に広げ、今後のデューデリジェンスへの協力を求める

2014年2月：Y社による法務・会計・税務のデューデリジェンス実施。軽微な発見事項はあったものの、評価額に影響するような新たな発見事項は存在しなかった

2014年3月：Y社と最終契約交渉を行い、P社・Y社間でS社株式の譲渡契約書を締

２０１４年３月：株式譲渡契約締結から数日後、株式譲渡取引を実行

―選定基準―

Ｐ社には、Ｓ社を売却しなければならない喫緊の課題があったわけではありませんでした。つまり、一定額以上での売却が困難なケースでは売却手続きを見合わせる可能性も十分にあったといえます。その点からも当初からＰ社にはＭ＆Ａの対象選定基準の第一要素は金額であるという合意ができていました。

ただし、金額水準に大きな隔たりがないのであれば、今後Ｓ社に残る経営陣の意向を尊重することも重要であるとの意見もあり、最終的なＭ＆Ａ対象者選定にあたっては、Ｓ社経営陣の意見も取り入れることについての合意もありました。

また、Ｍ＆Ａの打診先は、同業他社が有力であるとの基本的理解はあったものの、売却額を第一要件とするＭ＆Ａを志向する以上、客観的な市場評価を確認する必要があるとの意見から投資ファンド２社にも併せて打診しました。

結果としては、投資ファンドの1社はS社の事業があまりにニッチであるとの理由から投資を見合わせ、残る1社からも価格条件で他社に見劣りする意向表明が提出されたため、売却先として選定されることはありませんでした。

このようにこの事例では不首尾となったとはいえ、情報管理の観点から同業他社への売却打診がはばかられる場合や、客観的な市場の価値評価を取り入れたい場合、同業他社との相乗効果がそれほど見込まれない場合、スピードを重視する場合など、投資ファンドを買い手候補とするのは十分考慮に値する選択肢の一つに違いありません。

―M&A成功の法則―

・M&Aのタイミング

S社は、グループ全体の営業利益の1割強を経常的にたたき出す優良子会社に位置づけられ、売却を考えなければならない喫緊の理由があったわけではありません。

ただし、その一方でP社の主要事業との相乗効果の点ではグループ内にS社を抱え続ける意味もありませんでした。さらにS社が属する特殊薬品業界では、すでに競争環境の激

化がスタートするなか、親会社のP社が今後のS社の事業展開に何らかの付加価値を与えられる状況ではありませんでした。

市場環境を分析すれば、現状のS社は業界に起こりつつある競争環境のなかで優位に立とうという拡大意欲を持つ同業他社が、本件に興味を示す可能性は十分に高い存在であると考えられました。実際、正式なものではありませんでしたが、2年前にそのような軽い打診を受けたこともありました。

また、S社の従業員はP社グループへの帰属意識がそれほど高いわけでもないことに加え、業界の環境変化のなかにあってもそれほどの競争意識を持たず、淡々と日々の業務をこなすという傾向が見られました。つまり、業界が直面する今後の競争激化を独力で勝ち抜いていくのには力不足であるというのが、P社経営陣のS社に対する共通認識となっていました。

以上の諸条件を勘案し、P社はS社の業績が好調といえるタイミングを売却チャンスととらえ、売却プロセスの開始に踏み切ったのです。

・従業員・役員の理解

買い手候補先がS社へのデューデリジェンスを行うにあたっては、様々な資料開示を求

められ、また、質問やインタビューを行わなければなりません。これに際して誠実に資料開示等の要求に応えることは、買い手側が抱きがちな不安の解消に役立ち、ひいてはスムーズな売却交渉を成功させる一番のカギとなるポイントです。

今回のケースでは、P社がS社の経営にほとんど関与していなかったことから、M&Aの買い手候補からの資料開示要求に対してP社だけで対応することは事実上困難であり、S社首脳陣の協力が不可欠といえました。

ただし、S社はM&Aの対象となる当事者であることから、同社への情報伝達のタイミングや伝達範囲については、十分留意しなければなりませんでした。実際にはS社の社長・副社長（ともにP社出身）への伝達は初期の段階で行い、準備への協力を求めていました。そのうえで詳細なデューデリジェンスに入るにあたっては、社長・副社長レベルでは対応しきれない細かな内容に踏みこまなければならないということもあり、営業担当役員および財務担当役員にまで協力の範囲を拡大せざるを得ませんでした。

情報開示範囲を2名から4名へと広げるにあたっては、P社はM&Aによる売却の蓋然性がある程度まで高まっていることが必要と判断しました。そこで基本合意書の締結によるM&A実行の蓋然性が十分高まった段階で、営業担当役員および財務担当役員への情報

開示を行うように配慮しました。

M&A実施にあたっては、情報開示のタイミングや範囲は非常にセンシティブな問題であるため、状況に応じた慎重な対処が必要となります。

事例③　カネボウの事業売却

債務超過で実質破綻後、M&Aで事業ごとに再生へ

最後に取り上げるのは2004年に経営破綻したカネボウの例です。カネボウの事実上の倒産とその後の事業分割に関しては、当時からニュースなどで多く取り上げられるとともに各方面から様々な分析などが寄せられています。そこで、ここでもあえて企業名を伏せることなく、破綻からM&A、事業再生に至る一連の流れを説明していくこととします。

なぜ、今さらカネボウなのか？　そう思う読者もいらっしゃるのではないでしょうか。カネボウ案件は、オーナー社長の事業承継案件とは異なりますが、破綻企業のM&Aという難易度の高い手法がとられていること、民間および公的な投資ファンドを活用していること、企業の延命ではなく事業の継続（雇用の維持を含む）を目的として様々な事業売却が行われていることなど、今もなお学ぶべきことの多い案件であり、事業承継をはじめとした様々なM&Aの参考になると考えたからです。まずは、概略から見ていくことにしましょう。

―破綻～M&Aまでの概略―

カネボウは1887(明治20)年に創設。創業時の事業であった繊維産業で日本を代表する企業として、戦前は売上高で国内企業のトップにも君臨した名門企業でした。戦争によって大きな打撃を受けたものの多角化経営を進め、「ペンタゴン経営(繊維、化粧品、薬品、食品、住宅の5事業を柱にすえた経営)」が有名になりました。

しかしながらその実態は、最終的には好調な化粧品部門の収益で不振事業である繊維のマイナスを補填するというものであったということが後に判明します。結果的には、これは多角化経営失敗の代表例の一つとなってしまったのです。

バブル崩壊以降、急激に業績が低下するなか、2000年から導入された連結決算によってカネボウは実質的な債務超過に陥っていることが明らかになります。2004年には自主再建への切り札として、稼ぎ頭であった化粧品部門を花王へ売却するプランが発表されますが、大きな力を持つ労働組合の反対にあって白紙化。その後の紆余曲折を経て、最終的には産業再生機構の支援を仰ぐことになりました。さらにそんな状況下、カネボウが実に1996年以降9期連続の債務超過を、粉飾決算によって隠蔽していたことが判明

しました。

一方、引き受け手となった産業再生機構は、当初化粧品部門への支援を中心とした事業再建スキームを目指しました。その後、新たにカネボウ本体にも支援出資を行いノンコア事業をM&Aによって売却するなどして再建を目指す、産業再生機構主導のスキームへと転換しますが、結果的には長期間の実質債務超過や粉飾決算なども影響して、化粧品部門を含めたカネボウ全体を引き受けるという方向での支援策を採らざるを得なくなりました。

その後、最終的なEXIT（出口）として、産業再生機構は優良事業として期待できるカネボウ化粧品を切り離して花王へと売却し、残されたカネボウ本体（薬品、食品、ホームプロダクツ事業）は実質的に国内の投資ファンド3社（アドバンテッジパートナーズ、ユニゾン・キャピタル、MKSパートナーズ）からなるファンド連合への譲渡を決定したのでした。

カネボウの概要

・1887年「東京綿商社」として創業。1893年に「鐘淵紡績」となり、戦前には国内企業売上高1位ともなった名門繊維企業

・連結売上高4377億円、経常利益△564億円、当期純利益△3577億円、借入金総額6014億円。従業員1万3580名（連結、うち化粧品部門8714名）、グループ会社34社（2004年3月期）

・グループで、①ホームプロダクツ事業、②薬品事業、③食品事業、④ファッション事業、⑤繊維事業、⑥新素材事業などを展開

M&Aに至る前提条件

・創業事業である繊維事業に加え、食品、薬品、化粧品など事業の多角化を推進してきたのがカネボウグループでした。その結果、グループは一企業内に事業特性・収益性などの雑多な事業群が混在し、シナジー効果とは無縁の経営を継続する間に徐々に競争力を

失っていく状況が生まれました。

財務面では優良事業部門から競争劣位に陥った事業部門への資金流出が続くことで、過剰投資型負債と赤字補填型負債の増加の結果、過剰債務状態に陥りました。

産業再生機構の支援決定後、大幅な債務超過状態にあることに加え、長期にわたる粉飾決算を継続していたことも明らかになり、優良事業部門である化粧品部門とその他の部門を分離売却することとなります。化粧品事業を除く事業に関しては、主力事業（薬品、食品、ホームプロダクツ事業）は投資ファンドに売却し、その他のノンコア事業は事業ごとに売却先を求めてM&Aを行い、各事業の継続・再生を目指すこととなりました。

―事業環境―

・カネボウのペンタゴン経営の稼ぎ頭は化粧品事業でした。同事業は2003年9月の中間期ではグループ全体売上の約45%を占め、唯一営業利益も確保。しかしながら前年同月と比較すれば売上で8%のマイナス、営業利益は半減という状況でした。

・当時の化粧品業界は店舗数こそ伸びていましたが、デフレ経済下で市場規模は拡大せず

現状維持が続く環境にありました。同年10月時点の市場シェア分析によれば、第1位が資生堂、第2位がカネボウ、第3位がコーセー、第4位が花王という順位でした。このように、化粧品事業に限っては業界2位のカネボウが同4位の花王に、売上高、営業利益、従業員数、ブランド力などのすべての点において勝っており、この両者を統合できればシェアで資生堂への対抗勢力となりうる可能性もありました。

・花王にとってはカネボウの化粧品部門の魅力は大きく、その点から当初、産業再生機構の支援を仰ぐ前の旧カネボウは化粧品事業を花王に売却することで、グループの債務超過を回避し有利子負債の問題をも一挙に解決するという希望を持ったといえます。

―カネボウの経営課題（実質経営破綻前）―

・ペンタゴン経営の破綻による債務超過を早急に解決し、上場維持を図ること
・5000億円規模の有利子負債問題の早期解決
・優良事業である化粧品部門を外部へ売却した場合の収益事業喪失

といったことが挙げられていました。しかしながら、実際には化粧品事業が分離された

状態での自力再生は無理な状況であり、結果的には産業再生機構の支援を仰ぐことになりました。

―カネボウの経営課題（産業再生機構引受後）―

・事業一括継続を期待して産業再生機構による支援に期待
・支援決定後の精査により債務超過額3553億円に加え、9期連続の債務超過と2000億円規模の粉飾決算が明らかに
・その後、産業再生機構は花王と国内投資ファンド3社による投資ファンド：トリニティ・インベストメントに化粧品事業とその他のカネボウ各種事業を売却。実質的には花王が化粧品事業を取得し、投資ファンドはカネボウ本体に残った主要事業を取得

―資本提携の検討・選択―

・産業再生機構は化粧品を除くカネボウの事業を4つのポートフォリオに分類した再生計

画をまとめました。
それぞれは、
①　第1分類：事業性があり、今後コアとなる可能性が高い
②　第2分類：事業性はあるが、コアになるか否か見極めが必要
③　第3分類：事業性を精査し、継続・売却、清算を判断する
④　第4分類：売却先を探し、見つからない場合は清算する
　といったものでした。その後、第3分類あるいは第4分類の事業を中心に、ノンコアと判断された事業や子会社は、次々と売却され、その多くが別々のスポンサーに引き継がれることになりました。

―資本提携候補先の選定等M&Aの進行スケジュール―

2004年3月：産業再生機構は、化粧品事業を中心としたカネボウ支援を決定
2004年5月：産業再生機構によるカネボウ支援、事業再生計画の策定（事業ポートフォリオ）決定

2004年7月：カネボウ臨時株主総会で第三者割当増資について承認
2004年9月：産業再生機構によるカネボウ債権の買い取り
：カネボウ事業のM&A開始、電池事業営業譲渡合意 → 昭栄エレクトロニクス
：電子関連事業営業譲渡合意 → シキノハイテック
：飲料事業廃止・カネボウ防府食品清算
以後、16カ月間にわたり、各事業・子会社のM&A継続
2004年10月：「経営浄化調査委員会」調査により、①粉飾決算、②債務超過などが判明
2005年5月：カネボウの上場廃止決定
：事業ポートフォリオの再編 ①国内における21事業の譲渡、1事業の清算決定、②97%減資による財務体質改善
2005年12月：カネボウの売却先が「花王+国内投資ファンド」に決定
化粧品事業（花王保有）、新カネボウ（国内ファンド保有）を除くカネボウ事業の最終M&A成立

2009年9月：新カネボウ（社名はクラシエホールディングスに変更済み）の株式譲渡合意　→　ホーユーが新スポンサーとなった

―「企業」の継続ではなく、「事業」の継続―

図22には、カネボウ関連で売却されたノンコア事業を一覧にしてまとめています。一つの企業グループで、これだけの短期間に、これだけ多くの事業を売却した国内の事例は、恐らくないのではないでしょうか。よくこれだけの事業を手掛けていたものだと、半ば呆れてしまうくらい、戦線が肥大化していました。

これらのノンコア事業は、「選択と集中」という戦略の下で、多くは売却されることになったのですが、これらのすべての事業をまとめて引き受けるスポンサーは、さすがにいなかったでしょう。しかしながら、これだけ多くの事業売却が実現できたということは、個々の事業には魅力があったといえます。

カネボウという「企業」をそのまま救うことは難しかったかもしれませんが、魅力のある「事業」が、数多く存在していたために、関係者の努力もあり、「事業」の多くは救わ

図22　カネボウが売却したノンコア事業（2004～2005年度）

	事業名	売却の種別
1	電池事業	営業譲渡
2	電子関連事業	営業譲渡
3	カップ麺事業	営業譲渡
4	カネボウハイエストヒル	営業譲渡
5	医用材料事業	営業譲渡
6	建材事業	営業譲渡
7	化成品事業	営業譲渡
8	スリングベルト製品事業	営業譲渡
9	ラクトロン事業	営業譲渡
10	カネボウベルタッチ	営業譲渡
11	国内羊毛事業	営業譲渡
12	ベルテキスタイル	営業譲渡
13	ベルテックス	営業譲渡
14	ベルエース事業	営業譲渡
15	新規市場開発事業	営業譲渡
16	ベルパール事業	営業譲渡
17	テキストグラス事業	営業譲渡
18	高分子PET樹脂事業	営業譲渡
19	カネボウ物流	営業譲渡
20	椎茸事業	営業譲渡
21	ランバンブランドのライセンス事業	営業譲渡
22	エルビー（チルド飲料事業）	株式売却
23	カネボウビジョンシステム	株式売却
24	Ａ-ＰＥシート・機能性樹脂事業	株式売却
25	海外グループ13社（中国、ブラジル）	株式売却
26	カネボウ菊池電子	子株式売却
27	ＫＢセーレン	株式売却
28	カネボウストッキング	株式売却
29	不動産事業	株式売却
30	不動産保守・管理事業	株式売却

れることになりました。カネボウ案件の意義の一つとして、「企業」という法人格そのものは救えなくても、「事業」という経営資源（雇用を含む）の継続を支援することはできるということではないかと思います。M&Aの一つの特徴として、「事業の継続」ということを本書で繰り返し述べてきましたが、カネボウ案件では、これだけの数の「事業」が様々なところで今もなお継続しているという点で、画期的でした。

投資ファンドの活用

カネボウ案件の別の特徴として、種類の異なる2つの投資ファンドが活用されたという点が挙げられます。一つは、初期の段階で産業再生機構といういわば「官製ファンド」を活用しているという点、もう一つは、産業再生機構後の事業スポンサーとして民間の3ファンド連合を活用しているという点です。

今でこそ、官製ファンドが「乱立」ともいえるほど豊富に存在していますが、恐らく産業再生機構の成功にならって設立されたという側面もあるのではないかと思います。事業承継において、官製ファンドを活用するような場面は、それほど多くは存在しないと思い

ますが、現在は、様々な官製ファンドや各地方での地域ファンドなども乱立気味ですので、その存在を認識しておくことは必要でしょう。また、時にはその活用も検討してみるのもいいでしょう。特に、官製ファンドの特徴としては、民間でとりにくいリスクをとることができたり、金融機関をはじめとした複雑な利害関係者の調整に役立つこともあるので、このような場面では、十分に利用価値はあると思われます。

また、民間の3ファンドの活用も、その当時は非常に驚きました。当時、国内系ファンドの御三家といわれていたアドバンテッジパートナーズ、ユニゾン・キャピタル、MKSパートナーズの3つが連合を組んでスポンサーに名乗りを挙げるということで、日本国内にも投資ファンドの時代が本格的に到来したとの思いを持ったものです。当時のカネボウの事業に関しては、非常にリスクが高いと考える事業会社も多かったことでしょう。そのリスクを民間の投資ファンドが引き受けたうえで事業再生を図るという点で、カネボウ案件は今でも注目に値するのではないかと思います。

投資ファンドの利用については、好き嫌いからはじまって様々な意見があるようですが、ケースバイケースではありますが、様々な場面で投資ファンドの活用を考えてもいいのではないかと思わせる事例ではないかと思います。

―会社はM&Aによって新たな活力を得る―

実際のM&A事例をどのように読まれたでしょうか。

ここでとり上げた3つの事例は、どれも本書で説明してきたM&Aが持ついくつもの役割とメリットが発揮された事業承継の実例であるという共通点を持っています。それぞれの会社がM&Aに至った状況やその目的、企業規模や業種・事業などに相違はありますが、3つの事例のすべてにおいて、M&Aが会社や事業の「継続・成長」への決定的なポイントとして機能していることはお分かりいただけたはずです。

3つの中では、最後のカネボウの事例が特殊なものと感じられたかもしれません。しかし少し考えてみれば、実際にはこれがM&Aの機能をもっとも効果的に活用したものであることがお分かりになるはずです。誰もが固唾をのんで注目した巨大企業グループの破綻から、数多くの事業や子会社が再生して事業活動と何万人もの雇用を継続できたのは、M&Aあればこそだったのです。

それと比べれば、事例①の物流会社や事例②の薬品メーカーのM&Aは確かに分かりやすいケースといえます。ただし、その2例でもM&Aによってそれぞれの会社が「再生」

の一歩を踏み出したという点はカネボウと共通しています。また、一般には新聞やテレビのニュースとなることもないこのようなM&Aこそが、今日のM&Aの主流となってきているのです。それが本書の最初で説明した「M&Aの一般化」であり「近い将来のM&Aの方向」を示すものであることははっきりしています。

M&Aはカネボウのような企業破綻後の再生から、物流会社に見られる典型的な事業承継、薬品メーカーの例が示す選択と集中のための企業戦略まで、多彩な目的に対して十分に応えることができる機能を持っています。読者の方々は、この章でその点をしっかりと認識いただけたことと思います。

おわりに

M&Aほど、その実態と一般的なイメージが乖離してしまった経営戦略手法もめずらしいといえるでしょう。例えば2013年には3000件を超えるM&Aが実施されている一方で、多くの日本人には、M&Aとはいまだになにか得体の知れない悪いもの、という思い込みがはびこっているという状況は、やはり奇妙なものといわざるを得ません。

しかも、実態がはっきりと示しているように、M&Aは経済の大きな転換期の中で、必死に事業継続とその成長に向けた活動を繰り返す大多数の日本企業にとって、大変有効な経営手法となり得るツールなのです。誤解を誤解のままに放置することは、大きな機会損失といっても過言ではありません。

誤解されやすい内容の一つには、M&Aとは大企業が活用する戦略であるというものがありますが、そしてこれもまた明らかな誤りです。

現実は3000件以上のM&Aの多くは中堅・中小企業間で実施されており、なかでも特徴的なのは事業承継のためのM&Aが効果的に機能しつつあるという点です。日本が人口減少国家となったのと軌を一にするように、国内で事業活動を行う会社の数も減り続け

ています。そこには経済環境をはじめとした様々な理由が考えられるのですが、大きな要因の一つに事業承継問題があることは確実です。そしてM&Aは今日顕在化しつつある事業承継の主要課題を解決する機能を持っています。具体的には、本書で説明してきた事業承継の二つのポイントともいえる、オーナー経営者にとっての出口戦略と従業員の雇用維持が、M&Aを活用することで解決可能となるのです。M&Aが現代の日本経済にとって大変有効なビジネスツールであるとともに、中堅・中小企業とそのオーナー経営者にこそ活用してほしい手法であるというのは、それが理由となっています。

ただし、M&Aには会社という大きな事業体を売買の対象とし、大きな資金を動かす取引につながるという側面もあります。当然のことですが、そこに関係者間の様々な思惑が働くことは避けられません。また、1990年代に日本で実施された当時と比べ一般化が進んだとはいえ、やはりM&Aは日常的な事業活動とはまったく異なった別の経営戦略です。その実施にはアドバイザーといった専門家の助力が必須となります。そこで問題となってくるのは、特に中堅・中小企業などのオーナー経営者にとって、M&Aは純粋な経営戦略では済まされないという事実ではないでしょうか。

多くの場合、オーナー経営者にとっての会社・事業とは自分の人生の一部に他なりませ

ん。このため事業承継とはその集大成という側面を持つのです。本書の中で「専門家選びの最終的な基準は人間性や相性」と記した真意はそこにあります。

準備期間は別として、実際に動き出してからM&Aが成立するまでの期間は通常半年から1年程度です。その間にオーナー経営者は日常のビジネスでは向かい合うことのない様々なストレスにさらされ続けます。そんなときに唯一頼れるパートナーとなる存在は、アドバイザーに代表されるM&A専門家以外にはいません。だからこそ、誠実さに欠けるなどは論外としても、ビジネスライクに淡々と仕事をこなすだけのパートナーでは本当の意味での助言者とはいえないというのが私の考えです。

また、本書第4章に記載した「仲介」と「助言」の違いも非常に重要だと考えます。仲介会社のマッチング機能には優れたものがあることは認めますが、「仲介」の利益相反の問題についてよく理解したうえで仲介会社を利用すべきです。本来もっと良い条件での事業承継をできたはずのM&Aが、仲介会社の都合で不利な条件となったり、じっくり検討すべきM&Aを拙速に決めざるを得なかった、そんな問題がないように願いたいものです。

本書第5章のM&A事例紹介で、M&Aは事業再生と活性化のためのツールであるということを書きました。日本の社会と経済が大きな転換の時期にある今日、目前の困難な条

件を克服して日本社会が競争力を再生させてなお強化し、日本の会社がその持てる潜在力を発揮して再び繁栄への道筋をたどるためにこそ、Ｍ＆Ａを有効に活用していただきたい――Ｍ＆Ａにはそれだけの力があるのです。20年近くその現場にあって決して少なくない案件を手がけ、多くの当事者の方々と成功を分かち合ってきた私の実感は間違いなくそこにあります。

２０１４年10月

森山保

森山 保（もりやま たもつ）

マクサス・コーポレートアドバイザリー株式会社 代表取締役社長。

東京大学経済学部卒業後、野村證券、フロンティア・マネジメントで、一貫してM&Aアドバイザリー業務を担当し、200件を超える完了案件に関与してきた。カネボウへの産業再生機構による出資などをはじめ、多数のM&A案件を手掛ける。

公認会計士。米国公認会計士。社団法人日本証券アナリスト協会検定会員。

事業承継を成功に導くM＆A入門

2014年10月31日　第1刷発行

著者　　森山保
発行人　　久保田貴幸

発行元　　株式会社 幻冬舎メディアコンサルティング
〒151-0051　東京都渋谷区千駄ヶ谷4-9-7
電話03-5411-6440（編集）

発売元　　株式会社 幻冬舎
〒151-0051　東京都渋谷区千駄ヶ谷4-9-7
電話03-5411-6222（営業）

印刷・製本　シナジーコミュニケーションズ株式会社

検印廃止

Printed in Japan
ISBN 978-4-344-97091-5　C0034
幻冬舎メディアコンサルティング HP
http://www.gentosha-mc.com/